旬人《しゅんじん》彩人《さいじん》

アーティスト、医療、福祉、文学…。本書には、さまざまな分野で活躍する14人のインタビューが収録されています。活動の分野やこれまでの経験、考え方などは当然一人ひとり異なり、輝き方もそれぞれですが、たった一つ、共通している部分があるのです。それは、彼らが聖書の価値観を生きるクリスチャンであるということ。このことは、各々の活動のモチベーションになり、希望になり、支えになっています。彼らの輝く現在とともに、その〝共通の部分〟を読者にもお届けできれば幸いです。

（※本書は、月刊「百万人の福音」2015～2019年の間に掲載された連載「旬人彩人」のインタビューを厳選し、1冊にまとめました）

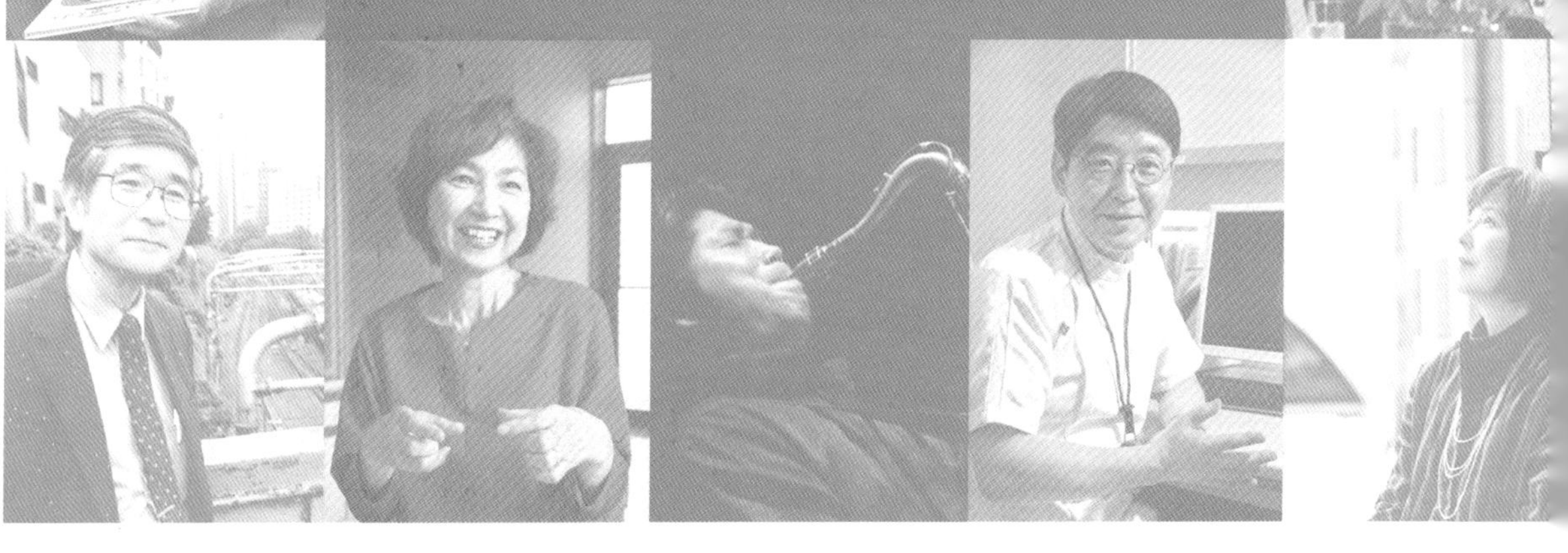

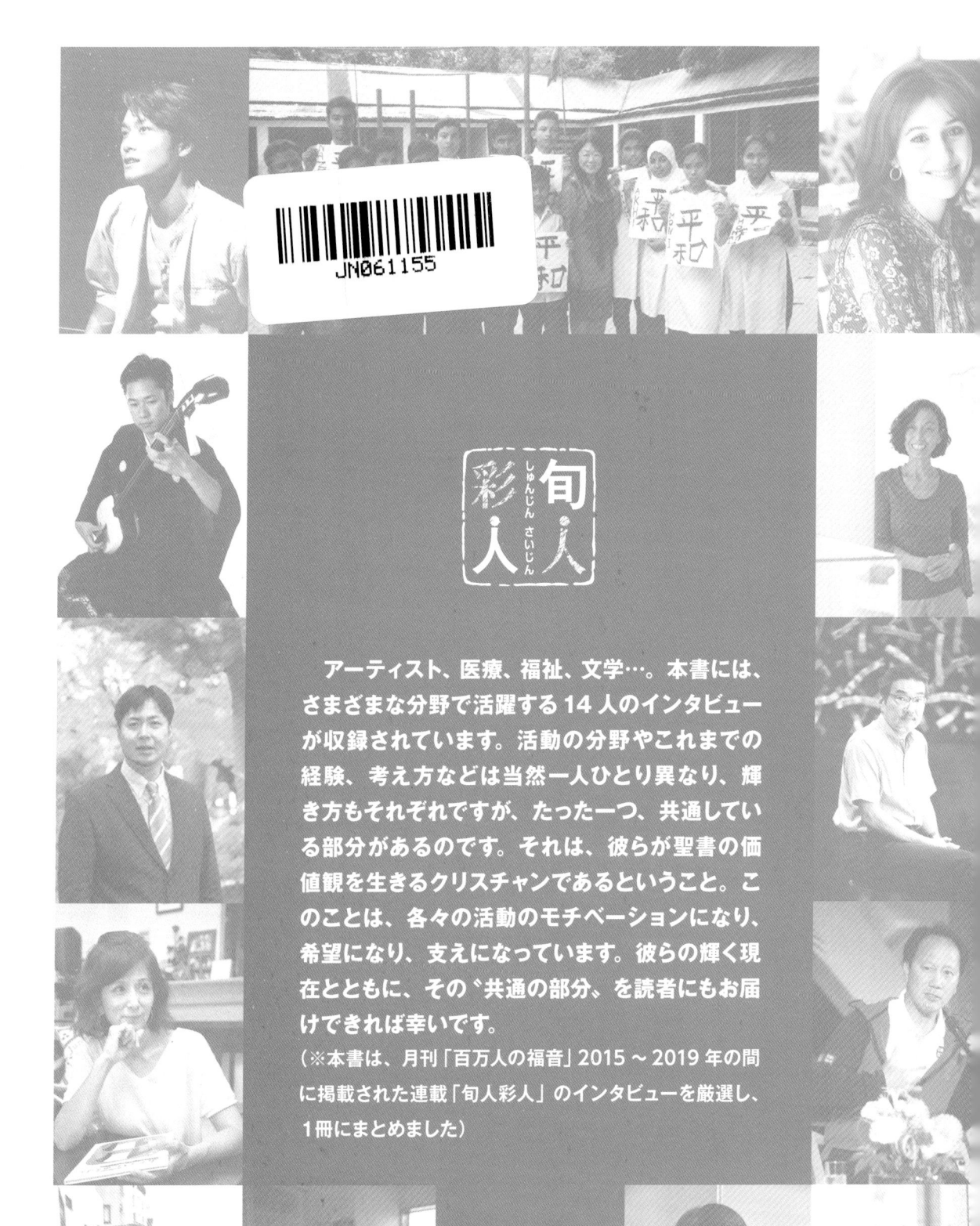

目次

※順序不同。()内は記事が掲載された号

旬人《しゅんじん》彩人《さいじん》

写真・小林 恵

祈りつつ演じる——天職は天にささげるもの

俳優 井上芳雄さん

いのうえ・よしお:1979 年生まれ。福岡県出身。東京藝術大学音楽部声楽科卒業。おもな出演作品は、「ナイツ・テイル」「エリザベート」「モーツァルト!」、舞台/「組曲虐殺」「十二番目の天使」「陥没」、テレビ/大河ドラマ「おんな城主 直虎」、「小さな巨人」ほか、多数。

容姿、実力、人柄と三拍子そろったミュージカルスター井上芳雄さんのファンは熱い。劇場に出入りする姿を一目見ようと入り口で「出待ち」をする人々は長蛇の列をなし、その一人ひとりに挨拶をしながら井上さんが歩く道は「プリンスロード」と呼ばれている。ミュージカルのみならず、演劇、テレビドラマなど幅広い分野で活躍する井上さんは、去年、結婚を機に洗礼を受けた。

東京藝術大学在学中の二〇〇〇年に、東宝ミュージカル「エリザベート」のオーディションを受け、見事ルドルフ役を射止めた。以来、順調にキャリアを積み、「モーツァルト！」「ミス・サイゴン」「グレート・ギャツビー」など、数々のミュージカルで主演を務めるスターになったと言えば、下積み生活のない幸運な人というイメージで捉えられるかもしれない。

だが、実は小学四年生の頃に劇団四季の「キャッツ」を観て感動し、ミュージカル俳優を目指すことを決めて以来、歌やダンスのレッスンに通い、地道な努力を重ねてきた。いわば、子どもの頃からの下積み生活の結果が大学生の時に花開き、今に至るまで咲き誇り続けているということなのだ。

「ミュージカル界のプリンス」と形容される端正な容姿を、読売演劇大賞・杉村春子賞、芸術選奨・文部科学大臣新人賞など、数々の賞を受賞した実力が支える。

◆

二〇一六年、女優の知念里奈さんと結婚し、クリスチャンである彼女と同じ信仰をもちたいと願うようになった。井上さん自身もクリスチャンホームに育ち、子どもの頃は親に連れられて教会にも通い、常に心の中で神との対話はあったような気がしている。ただ、それがはっきりしたかたちになることを、どこかで避けていた。

結婚を機に洗礼を受けたいと願うようになった背景には、家族や他のクリスチャンたちの祈りも積まれていたのだと思っている。

洗礼を受けたいと願うようになった背景には、家族や他のクリスチャンの祈りも積まれていたのだと。

舞台「組曲虐殺」

◀ 舞台「組曲虐殺」

ヴィクトール・フランクルの著書
『夜と霧』（みすず書房）▶

たくさん湧いてくる悪い思い…その思いに傾かないために神と共に生きることが必要なのだと思った。

洗礼準備会の学びの中で、具体的に何の罪を悔い改めるのかと問われた時、少し戸惑いを覚えた。すぐに「これ」と思い浮かぶような悪いことをしたつもりはない。むしろ、微力ながら世の中のためになることをしたいと思いながら生きてきた。

しかし、学びを重ねるうちに、誰の目にも明らかな悪い行いだけが罪なのではなく、日々の思いの中にたくさん湧いてくる悪い思いが罪なのだと理解するようになった。自分の中にもそれが確かにあることを意識し、その思いに傾かないために神と共に生きることが必要なのだと思った。

◆

華やかで大掛かりなミュージカルのほかに、一九三三年に特高警察の拷問により殺された小林多喜二を演じた「組曲虐殺」や、ホロコーストの時代にアウシュビッツを生き抜いた心理学者、ヴィクトール・フランクルの著書『夜と霧』の朗読劇、同じくホロコーストと、ドイツに侵攻されたポーランドのワルシャワ蜂起を描いたオーディオドラマ「また、桜の国で」※にも出演している。

これらの作品は自分の側から選んだわけではなかったが、その仕事を与えられたことを感謝しつつ、特別な思い入れをもって取り組んできた。特に『夜と霧』は、母親から「人生に迷ったときに読む本」として勧められて以来、井上さんにとって大切な本で、この朗読劇はこれか

※原作は同名小説『また、桜の国で』（須賀しのぶ 著、祥伝社）

「この仕事を神様にささげられるように」という祈りが加わるようになった。

らもライフワークにしていきたいと願っている。

芝居というのは大体、「自分とは何者か」、「なぜこの世に生まれきて、なぜこんな目に遭っているのか」ということがテーマになっているものが多い。答えは出なくてもその問いを抱えながら、人生のいろいろな場面でいろいろな選択をしていく。そこに、「何をなし得たか」とか「生き残れたか否か」を超えるものがあると、井上さんは感じている。『夜と霧』も『また、桜の国で』もそんな物語だった。

先の大戦から七十年余が過ぎた。悲しいことに人間とは同じことを繰り返すものだが、それにどれだけ抗うかが大切だと考える井上さんは、自身が演じた「抵抗してきた人たち」に強く引かれる。

「こういう歴史的事実があり、それにこんなふうに抗った人たちがいた」ということを観客の目の前で演じてみせる芝居は熱量も高く、インパクトも大きい。自分に与えられている才能を用いてできる限り真剣にそれをやることが、神様から頂いている使命なのかもしれないと思っている。

◆

自分の仕事と神様からの使命というものを結びつけて考えるようになったのにはきっかけがあった。「ドラマチカ／ロマンチカV」というミュージカルで共演した韓国の女優、J・KIMさんに、「どうしてあなたはクリスチャンとしてこの仕事をしないんだ。こんなにすばらしい環境を与えられて成功しているのだから、これを神様にささげるようになったらもっと祝福が広がる」と叱咤《しった》激励されたのだ。

クリスチャンであるKIMさんの姿勢に感銘を受けつつ、自分はそこまではできないな、と最初は思った。正直に振り返れば、自分にとっての仕事はやはり、キャリアやお金や自己実現といった自分の欲を満たすためのものだった。

だが、「彼女のようにはできない」と思いつつ、KIMさんのことばは心に留まり続け、やがて、もしこの先も自分や家族のためだけに仕事をしていくなら、そのうちに行き詰まり、苦しくなっていくのではないかという思いが生まれてきた。

本番前はいつも不安があるし、緊張もするので祈るが、今はそこに「この仕事を神様にささげられるように」という祈りが加わるようになった。クリスチャンである自分を見て、神様に興味をもってくれる人が現れたら、神様も喜んでくださるのではないかと思っている。

（結城絵美子）

＊この記事は「百万人の福音」2017年12月号に掲載されました

旬人《しゅんじん》 彩人《さいじん》

写真・小林 惠

3/4で暮らそう

恵みを数えながら

NHK情報番組「あさイチ」や雑誌「婦人之友」、各地での講演などで、暮らしの工夫・片付けなどのアドバイスを行い、「スーパー主婦」と呼ばれている井田さん。未曾有の大災害が起こった2011年3月11日。翌日、担当していた雑誌連載の取材予定日だったが、電車は動かず、取材班は家に来ることができなかった。連載に穴は空けられない、何か執筆しなくてはいけない、そんな状況で井田さんに「与えられた」ことばが、「3/4で暮らそう」だった。

「NHK あさイチ」などでおなじみ“スーパー主婦”

井田典子さん

いだ・のりこ：1960年広島市生まれ。横浜市在住。「婦人之友」読者の全国友の会会員。3人の子育て中にモノの整理と心の整理がつながっていることを実感し、シンプルライフを目指す。2011年、受洗。現在は日本基督教団・六角橋教会在籍。執筆、講演、訪問片付けを行う。

井田さんは、一九六〇年、広島に生まれた。家族親戚、近所、皆浄土真宗を信仰し、特に本家である実家は熱心に宗教行事を行う家だった。

しかし、母親が、クリスチャンジャーナリストであり教育者である羽仁もと子の立ち上げた「友の会」に所属するようになり、井田さんはカトリック系の幼稚園、短大に通った。

「学校と、母を通しての『友の会』からキリスト教には触れていましたが、学問の一つだととらえていました。自分の人生は自分で切り開いていくものだと思っていたのです」

家を離れ、結婚した井田さん。子どもを望んだが五年間与えられなかった。

「子どもがほしいのに、なかなか妊娠しない。不妊治療をしても結果が出ず、諦めそうになっていた時にようやく与えられたのです。その時の日記には『神様ありがとう!』と書きました」

命、根源的なものは人間の力ではどうしようもない…。神秘的な力を感じたが、日々の育児の忙しさに、その時の感動は薄れていった。

そうして生まれた長男が中学三年生になった頃。それまで勉強も部活も熱心に取り組んでいたが突如不登校になった。

「息子は文武両道を目指す進学校に行き、周囲の期待に応えようと努力していました。でも、テニス部の部長として迎えた三

諦めそうになっていた時にようやく与えられたのです。その時の日記には「神様ありがとう!」と書きました。

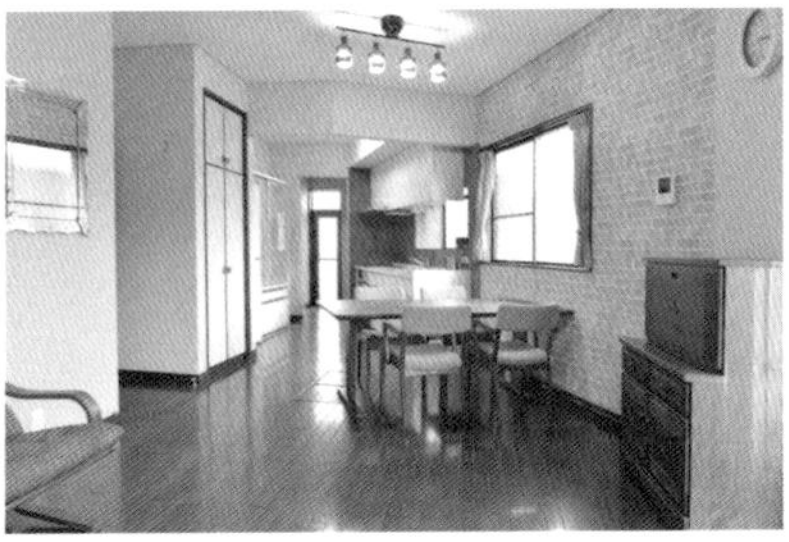

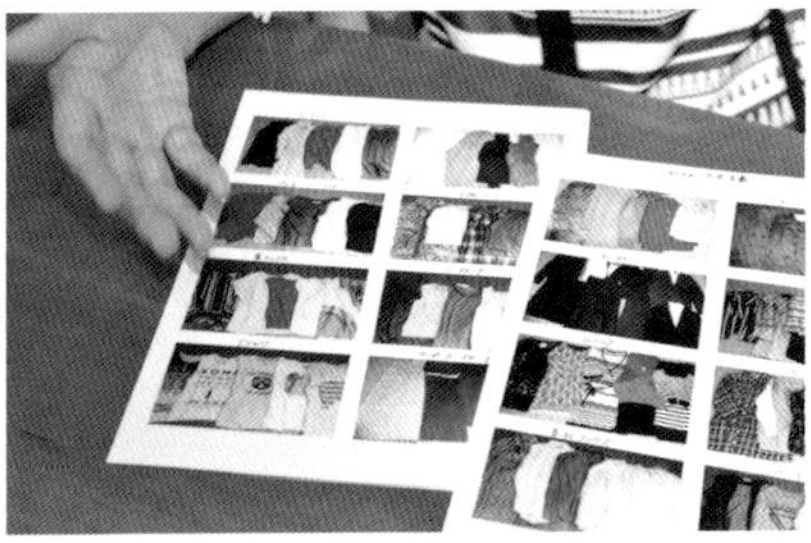

「物が増えないために、枠を決めることが大事」という井田さん。洋服の「ワンアイテム5点主義」を実施。各種類ごとに写真に収め、すべて自分の洋服を把握している。「5点で十分なんですよ。1着処分したら1着補充すればいいんです」

主婦の書斎は台所。食器棚の下は文房具や書類が入る

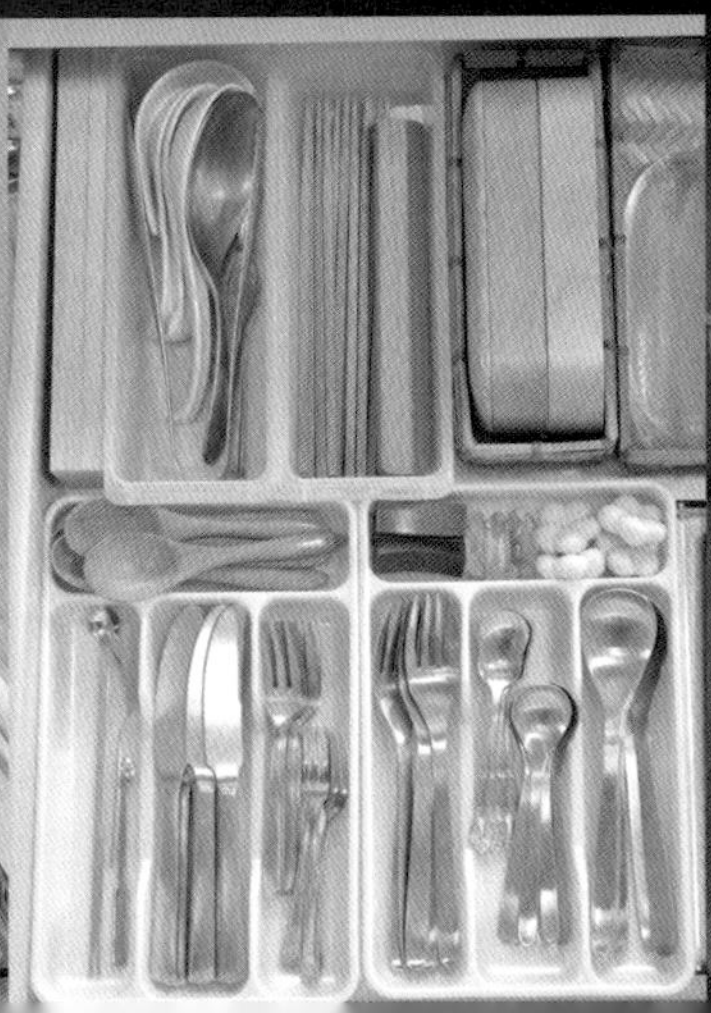

お客さんのものと家族のものを分けずに、色を統一することですっきり

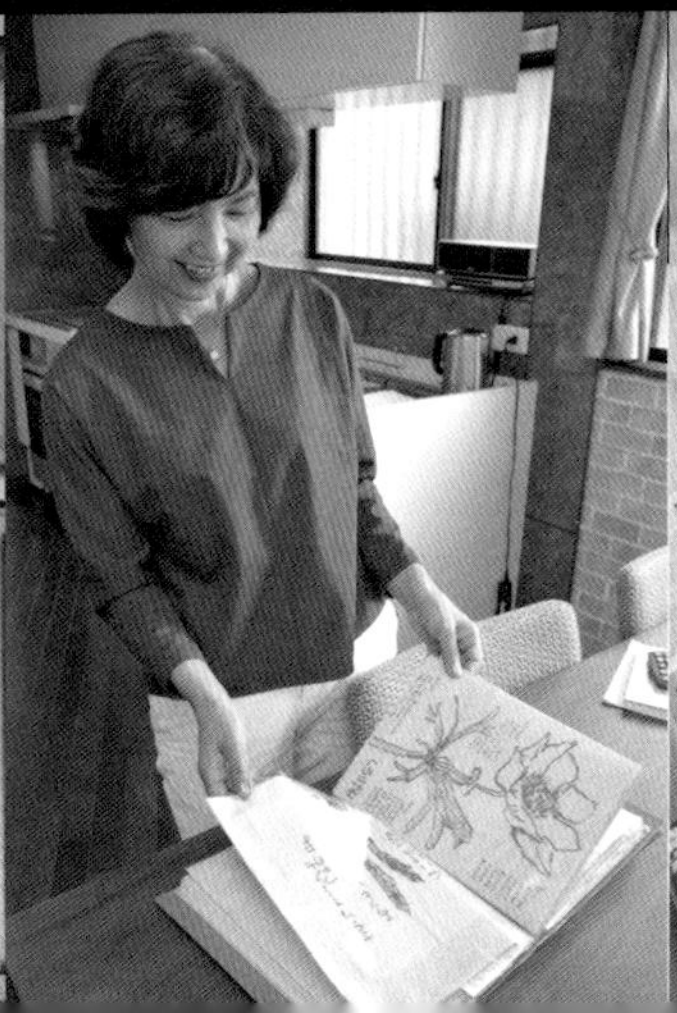

子ども宛てに来た絵手紙など厳選して保存。「二度と手に入らないものは大切に」

調味料やラップ類はストック無し。無くなってからで十分

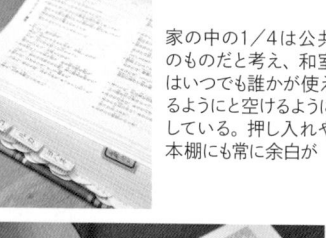

家の中の1/4は公共のものだと考え、和室はいつでも誰かが使えるようにと空けるようにしている。押し入れや本棚にも常に余白が

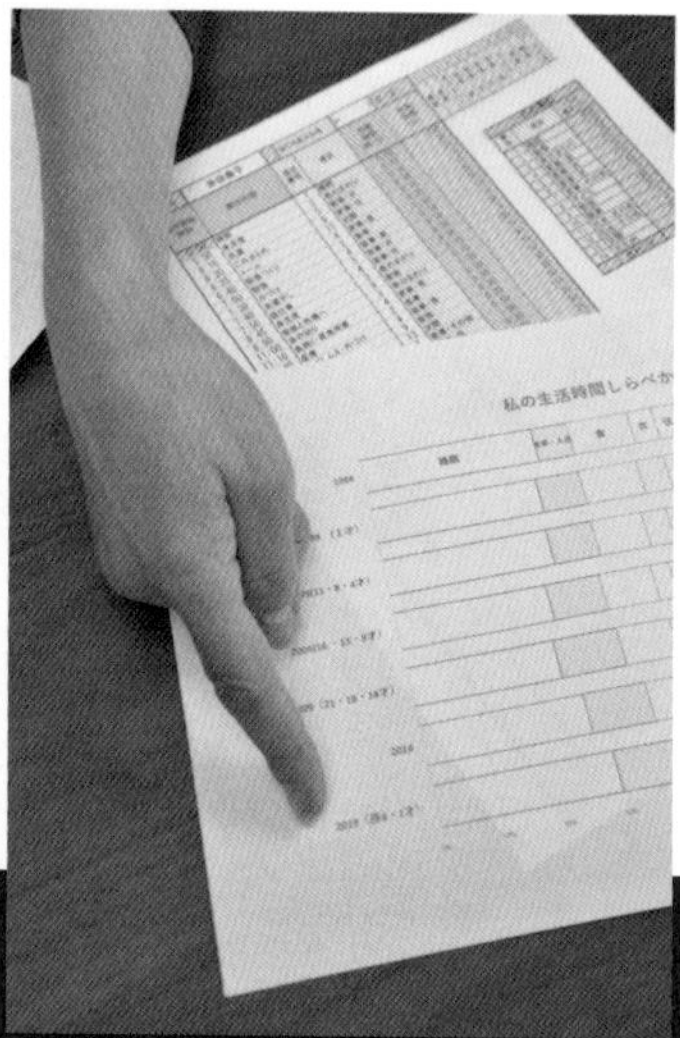

8時にはルーティンの家事を終え、ディボーションの時間をもつ。寝る前にも必ず祈る。「神に祈る時は、神にゆだねて自分をリセット、目盛りをゼロにできる貴重な時間」

友の会では5年に1回、1日の時間をどのように使ったかをいっせいに調べる。一週間分を表にまとめ、生活を振り返る

年末の家事は11月から始める。「12月はクリスマスやおせち作りに忙しいから早めに」。家族も巻き込み、一つ一つ終わらせていく。大晦日は毎年家族で映画が定番

礼拝で牧師のメッセージを聞いた瞬間、「あ、私はここに来ることになっていたんだ」と直感したんです。

年最後の公式戦で腰椎剥離《はくり》を起こしていたのに、無理をして出場し、痛みで試合にならず、団体戦で負けてしまったのです。初めての挫折とその屈辱感から、その日を境に学校に行かなくなりました。髪を染め、耳にピアスを開け、友達も変え、たった一か月で別人のようになってしまったのです」

不登校、不良少年の親はどんな親だろうと、思ってきた自分を恥じた。ささいなことがきっかけとなり、人は変わってしまうことを知った。

その時、息子が幼い頃に道に飛び出して車にぶつかり、怪我をしたことを思い出した。幸い大事には至らなかったが、息子は痛がるよりも先に「ママごめんなさい」とひたすら謝り続けたのだ。

「怖い母親だったのでしょう。私は息子を一生懸命育てているつもりだったけれど、息子の気持ちには無頓着でした。息子は我慢し、いい子を演じてきたからこそ、たがが外れてしまったのかもしれません」

家を出ても学校に行かず、いつ帰ってくるかわからない息子を待つ日々。やるせない思いをぶつけるように一つ一つ引き出しを開けては整理をした。

「何でも自分でできると思っていたおこがましさにやっと気づきましたが、どうしようもありませんでした。その時、目に見えるところから整え始めたのです。そうすることでしか気持ちの整理ができませんでした」

◆

物を適量に保つことは、神様に与えられた恵みを知り、大切に使い切ること。

二〇一〇年、結婚以来活動してきた「相模友の会」の代表になった。その責任の重さに押しつぶされそうになった。人と人の協力でしっかり結ばれているはずの関係が、小さな誤解からあっさりと断たれてしまうという経験もした。

そんな折り、友の会では毎年クリスマス礼拝をしており、牧師を招くことになっていたため、人選のため近隣の教会を訪ねて回った。

「最後に行ったのが、いちばん小さく、牧師の家を開放して礼拝している教会でした。でも、礼拝で牧師のメッセージを聞いた瞬間、『あ、私はここに来ることになっていたんだ』と直感したんです」

それまでキリスト教を理屈で考え、自分を丸ごと投げ出して神様との関係をつくろうだなんて考えもしなかったことに気づき、神様の方角へ向きたい、光の射す方へ向きたいと思った。

「息子のことも友の会のことも自分でなんとかしよう、ではなく、どうしたらいいんでしょうか、と神様に聞くことができる、祈ることができることを知りました。ようやく重たい肩の荷を下ろすことができた喜びに、涙が止まりませんでした。今まで光の方角はわかっていたような気がするのですが、心のガラスが曇っていて、よく見えなかった。祈りの中で少しずつガラスが磨かれクリアになっていくようでした」

震災後すぐのイースターに受洗した。

◆

震災直後は社会が混乱し、買い占めに走る人々も多くいた。

「震災後、買い占められ空っぽになったお店の棚などを見ながら、自然に『3／4で暮らそう』ということばが心に浮かびました。時間もお金も神様からの恵みなのだから、自分のためだけに使うべきではないと感じたのです。また本当に持っているもので足りていないのか、吟味する必要も感じました。もしかしたら私たちの心が飢え渇き、どんなに物を持っていても足りないと感じてしまうのではないかと思ったのです」

人間は枠の中で暮らしている。時間やお金をどのように使うか、つまりどのように枠の中で仕切るかはその人次第。

「暮らしにものさしをもつことが大事だと思っています。物を適量に保つことは、神様に与えられた物を知り、有効に使い切るということです。家計の管理、時間の管理をすることは神様への報告書のようなものです。今の暮らし方が、神様のみこころにかなっているのかと考えられるきっかけにもなりますし、生かされている喜び、恵みを数える時でもあります」

単に知識や技術で終わることなく、与えられた神の恵みに気づき、神の思いに心を向けるきっかけとしての片付け、時間・金銭の管理。今まで生きてきた道がつながり、すっと引き上げられ、俯瞰《ふかん》して見えるような気がしたと井田さんは言う。

講演活動やメディア出演、片付けでの家庭訪問等、多忙を極めるはずの彼女からは疲れの色はなく、神様に与えられた一日を心から楽しんでいるように見えた。

（宮田真実子）

＊この記事は「百万人の福音」2017 年 1 月号に掲載された記事に一部編集を加えました

旬人《しゅんじん》 彩人《さいじん》

テニスの世界的選手から、錦織選手のコーチへ

昨年、男子テニス界の世界ランキング四位になる快進撃を見せた錦織圭選手。その活躍に大きく貢献したのが、二〇一三年からコーチを務めるマイケル・チャンさんだ。チャンさんは中国系米国人で、一九八九年に十七歳で全仏オープンに優勝。その後、世界ランキング二位にもなった。現在はコーチ業のほか、スポーツを通して青少年育成や地域社会の発展にも貢献している。そうした活動の中核にあるのは、イエス・キリストへの熱い思いだった。

プロテニスコーチ

マイケル・チャンさん

1972年、アメリカ合衆国生まれ。シングルス自己最高ランキングは2位。グランドスラム（世界４大大会）優勝1回（フレンチオープン）、準優勝3回。2008年には国際テニス殿堂入りを果たした。2013年から錦織圭選手のコーチに就任。米国で「チャン・ファミリー財団」を創設し、スポーツを通しての地域貢献活動を行っている。

マイケル・チャンさんがテニス選手としては小柄ながら、世界四大大会の一つ、フレンチオープンの優勝をわずか十七歳で果たしたことは大変な快挙だった。世界ランキング二位にまで達した実績や、同じアジア系で体格も似ていることから、錦織選手に請われてのコーチ就任につながった。

「この一年半に圭が経験していることは、私も現役選手時代に経験してきました。だから経験を通して分かち合えることが多い」と言う。しかし当初は錦織選手にも戸惑いはあった。

「すでに実績のあった圭にとって、さらなる猛訓練や指摘を受け止め、真意を理解するまでには時間がかかったようです。だが、実際にプレーが上達し、大会で成績が出始めると、信頼関係が生まれてきました」

今では「彼は非常に努力家であり、新しいことにもすぐに適応してくれるので、私としては非常に楽」と笑う。「コーチとしての役目は、まず励ますこと。彼の体力、メンタル、霊性など、さまざまな面からサポートし、目標に向かって正しい方向に向かうようにサポートします」

人生のさまざまな出来事も偶然ではなく、神がいると強く信じたとき、人は自分の人生を理解できます。

信仰と勝負は似ていると言う。「トップ選手同士で行う試合の勝敗は、二割が身体的、八割が精神的な部分で決まる。だから自分が勝つと信じなければ絶対に勝てない。同じように人生のさまざまな出来事も偶然ではなく、神がいると強く信じたとき、人は自分の人生を理解できます」

チャンさんは、台湾からアメリカに移民した敬虔《けいけん》なクリスチャンの一族に育つ。父がテニス好きだったため、兄と共にテニスを始めたのが六歳の時。すでに卓球をやっていたので、テニスは難しく感じなかった。その後、孟母三遷《もうぼさんせん》の故事のように、テニス環境が整ったカリフォルニアに一家で引っ越したのである。それほど、チャンさんは可能性にあふれていたとも言えるだろう。

十代に入ると、しだいに教会の礼拝に行きたくないと思うようになっていった。日曜の朝にわざと寝坊をすることもあった。十四歳の頃、祖母が「神があなたに教えてくれる」と言って聖書をくれたのだが、それは、いつしか本棚に置かれたままになってしまった。

ジュニア時代に頭角を表し、十五歳でプロに転向したチャンさん。まさに、将来を約束された有力なテニス選手だった。しかし、ひとたびコートから離れれば、青春期に一人苦悩する少年だった。

「テニス選手としては成長していましたが、内面はまだ少年のままでした」と振り返る。

そして「自分は誰か。どこにいくのか」ともんもんとする日々を過ごすようになっていった。そうした中で、本棚にあった聖書をむさぼるように読み始めた。

読み進めていくうちに、「自分が永遠のいのちをもつために、キリストが死んだことの愛の大きさに気づいたのです。何が起きてもキリストは自分を捨てないことや、神が自分にどれほど生きてほしいと願っているかを感じた。そして、イエスに『私の心にきてください、私をあなたの目的のために変えてください』と祈った。それから私は、主に従い、主のことを知ろうと決断したのです」

それが十六歳の時で、洗礼を受けることになった。その数か

Michael Te-Pei Chang

意表を突くプレーが特徴だった現役時代。アジア系選手が世界４大大会の1つ、フレンチオープンで優勝したのは唯一の快挙だ（写真右）

月後、彼は全仏オープンで初優勝することになる。

クリスチャンになったことで、テニスや人生にどんな変化があったのだろうか。

「テニスには特に影響はなかったのですが、人としてどう振る舞うかについては変わったと断言できます。傷ついた人に対し以前よりあわれみの心をもてるようになりました。何が正しくて何が悪いかということについても、もっと確信をもてるようになった。優しいことばを選んで使えるようにもなりました。特に両親に対して。それに、イエスを知ってから人生のさまざまな出来事は偶然ではないこと、そして生きる意味を知った。神様は本当に信頼できる方です」

選手としての大きな試練は、一九九六年のUSオープンでやってきた。勝てば世界ランキング一位になるという重要な試合で、敗れてしまったのである。

「もちろん悔しかった。だが大事なことは、神様はすべてのことに目的をもっているということ。人は『ああなれば良かった、こうなれば良かった』と思いがちですが、そうではない。そこまで到達するためにさまざまな祝福を受けてきたのです。今もなおすばらしいことが起こる。かつては勝ち負けに強くこだわっていましたが、信仰をもつことで考え方が変わっていきました。

神が私をテニス選手として成功させてくれた理由はわかりません。しかし、人々にキリストを伝えるチャンスを与えてくれたことは確かです」

イエスを知ってから人生のさまざまな出来事は偶然ではないこと、そして生きる意味を知った。

神を知ること以上の喜びを知りません。ぜひ同じ喜びを味わってほしい。

チャンさんは「ラケットをもった伝道師」とも呼ばれる。一九九九年にスポーツ支援を通してイエス・キリストの愛を伝える「チャン・ファミリー財団」を設立した。

「テニスをはじめとして、スポーツは人々を一つにします。私が、大きな試合の優勝者になったのは個人の力ではありません。親や家族、コーチあってのこと。財団の働きもその延長にあります」

同財団では、テニス、バドミントン、バスケットボールなどのトーナメントを主催。いまやカリフォルニア州で最大規模の大会になっている。

「この活動を通して人々に良い影響を与えていきたい。スポーツをすることでさまざまなことを学べるのです。目標に向かい頑張ること、謙虚さ、感謝の心などです」と語った。

昨秋、日本で開かれたジャパン・オープンに参戦した錦織選手のために来日し、忙しい練習の合間を縫って、チャンさんは東京で開かれたトークイベントに駆けつけた。会場では、一人の社会人からコーチングのコツについて質問があった。チャンさんは「コーチとして大事なことは、一人ひとりをユニークな存在としてみること。全員が錦織圭になれるのではない。サーブが上手《うま》い、スピードがあるなど、一人ひとり特性は違う。さらに大事なことは人格を見ることです。強い性格の人には強く、ソフトな人にはソフトに接する。その人がもっているすべてを発揮させて強くすることが大切。正しく対話して、自分の考えを理解してもらうこともコーチの条件」と答えた。

錦織選手に聖書の話を直接伝えることはないそうだが、食事の祈りを共にしたり、自身のふるまいを通して、何かを感じてもらえるはずと語る。

最も好きな聖書箇所は、新約聖書ローマ人への手紙八章二十八節だという。

「神を愛する人々、すなわち、神のご計画に従って召された人々のためには、神がすべてのことを働かせて益としてくださることを、私たちは知っています」

神はすべての人々に目的をもっており、人々がそれを知ることを求めていると、チャンさんは言う。

「与えられた賜物《たまもの》をすべて神の栄光のために用いることができるのは感謝なことです。そして、私にとって、キリスト教の本当の意味は、イエス・キリストと個人的な関係をもつことです。神を知ること以上の喜びを知りません。みなさんにもぜひ同じ喜びを味わってほしい。神の忍耐と優しさと愛を分かち合いたい。この愛は、人に変化を起こします。あなたの心に深い傷があるのなら、それを癒やすのです」

チャンさんの現役選手時代の姿は、聖書に出てくる王ダビデが、少年時代に、到底勝ち目のない相手であった巨人ゴリアテに勝利したシーンを思い出させる。神に召されて、このプレーを、この働きをしているという確信が、世界トップレベルの舞台で勝負し続けられる原動力となった。その基本はコーチや財団運営についた今も変わらない。

（砂原俊幸）

＊この記事は「百万人の福音」2016 年 2 月号に掲載されました

旬人《しゅんじん》
彩人《さいじん》

写真：石黒ミカコ

〝異邦人〟を生きたあの頃、そして今、これから…

音楽伝道者

久米小百合さん

くめ・さゆり：1958年、東京都生まれ。1979～84年、久保田早紀として音楽活動。デビューシングル「異邦人」（作詞・作曲：久保田早紀）は140万枚を売り上げ、今も不朽の名曲として音楽ファンに愛されている。81年、キリスト教の洗礼を受ける。85年、音楽家・久米大作氏との結婚を機に芸能界を引退。以後、音楽伝道者として本名の久米小百合の名で活動。教会音楽家養成学校ワーシップ・ジャパン講師。また、カルチャースクールで聖書講座を担当。2007年から3年間、日本聖書協会の親善大使。

一九七九年に発売され、シングルレコード売り上げ百四十万枚を記録した「異邦人」。作詞作曲者の「久保田早紀」は、その後クリスチャンとなり、本名の久米小百合として音楽伝道の働きをしている。そんな彼女が今年二月、自伝を出版した。悩み、戸惑いながらも歩む半生には、いつも音楽と不思議な導きがあった。

発売当時、〝異邦人〟と聞いて、その意味をすぐに理解した人はどれだけいただろう。聖書によく登場するため、クリスチャンには馴染《なじ》み深いが、日常会話に出ることはまずないことばだ。久米小百合さん（当時、久保田早紀）の制作した曲で全国区になったと言っても過言ではないと思うが、実はデビュー直前まで、当の本人もこのことばを知らなかったという。

「当初のタイトルは『白い朝』でした。発売を企画したレコード会社のプロジェクトメンバーの提案で改題することになったのです。クリスチャンになった後、聖書にたくさん出てくるのでびっくりしました」

二月に発売された自伝『ふたりの異邦人』には、そんな名曲誕生の舞台裏とともに、小百合さんが生まれてから今日まで歩んできた人生がつづられる。青春時代や芸能界時代、結婚、出産、信仰のこと…。格好の悪い姿もあえて隠さずに著し、等身大の〝久米小百合〟が伝わってくる内容だ。携帯電話もまだなく、スパゲティーをパスタなんて呼ばなかった頃の空気感も漂い、同年代なら、自分の思い出と照らし合わせながらの、「時間旅行」が楽しめる。小百合さんはこの執筆が、これまでの人生にあった恵みと、多くの人に助けられてここまできたことを再確認する機会になったと言う。

異邦人ジャケット画像（提供：ソニー・ミュージックダイレクト）

久保田早紀時代。リスボンでレコーディング

『ふたりの異邦人』(フォレストブックス)。本格的な自伝としてはこれが初

自伝に掲載された写真の一部。中央は、大好きな母親とのツーショット。カメラ好きだった親が残した多くの写真からは、小百合さんへの豊かな愛情が伝わってくる

❶初めてプロデュースから手掛けたアルバム「7carats+1」(ライフ・クリエイション) ❷3月に行われた出版記念イベントで、小坂忠さん(左)とステージに立つ小百合さん。長く親交のある二人だが、共演はこの舞台が初(写真提供：ディスクユニオン) ❸笑顔でインタビューに応じる ❹チャペルコンサートで(2018年 撮影：酒井羊一)

蒔いた種はいつかどこかで芽を出す可能性があるのだということを、実際に見せてもらえる体験でした。

「デビュー当時、『異邦人』というタイトルの曲を歌う私がクリスチャンでないと知って、祈ってくれた人が大勢いたという話も後で知りました。そんな陰の祈りにも支えられていたことに、感謝の思いでいっぱいです」

◆

幼少期、母親の勧めでピアノを始めた小百合さん。その人生にはいつも音楽があった。学生時代は国内外のポピュラー・ミュージックを夢中で聞き、友人とバンドを結成。ユーミン※に憧れて、作詞作曲も始めた。

短大在学中、大手出版社が主催する新人発掘コンテストに応募したのがきっかけで、プロへの道が開け、「異邦人」でデビュー。シルクロードをコンセプトにした大手家電メーカーのCMに起用されると大ヒットし、小百合さんは一気にスターダムへと押し上げられた。

しかし、生き馬の目を抜くような芸能界に突然放り込まれ、自分を見失う。カメラの前で演じたり、〝売れる曲〟を求め続けられることに疲れ果て、歌う喜びをなくしていった。

「自分の音楽のルーツって何だろう。そこに帰りたい」

そんな時、ふと頭に浮かんだのは子どもの頃、一時期通った日曜学校で聞いた賛美歌。

「シュワレヲアイス？ アイスクリームの歌？ 変なの！」

初めて聞いた賛美歌は、幼い

※松任谷由実

小百合さんの耳に奇妙に聞こえたが、美しい旋律は心の奥深くに刻み込まれていた。賛美歌が自分の音楽の原点だ。そう確信した小百合さんは教会へ通うことを決める。

ある時、伝道集会で語られたメッセージが、小百合さんの心を捉えた。それは聖書の中の、湖で弟子たちが嵐に遭う場面からのメッセージで、船をこぎあぐねている弟子たちの前に現れたイエスが嵐を静め、船がまた前進を始めたというもの。小百合さんは嵐に翻弄される弟子たちの姿に、芸能界の嵐の中で人生の船をこぎあぐねている自分を重ねた。「前に進めるなら、イエス様っていう人を、人生に迎え入れたい」。そう感じて信仰をもつことを決め、八一年、洗礼を受けた。

その後、音楽家の久米大作さんと結婚。商業的な音楽の制作から身を引くことを決めると、八五年に芸能界を引退。音楽伝道者としての道を歩み始めた。

◆

「信仰ってなんだろうと、考えさせられることがたくさんあった」と小百合さん。

二〇〇七年、アメリカのキリスト教系の財団が大々的に行った日本での伝道キャンペーンも、信仰を問われる経験の一つだったと言う。当時、複数のクリスチャンの著名人と共にCMに出演したのだが、始めに依頼があった時、小百合さんは断るつもりでいた。「宗教の広告塔」と誹謗《ひぼう》中傷され、子どもがいやな思いをするのが心配だったのだ。ただ、神学校で学び、ふだん神を信じるよう人に伝えているわが身を振り返ると、断ることも後ろめたい。「これは、踏み絵なのかもしれない」。そう感じて迷っていると、ある晩、夢を見る。自分がイエスに両手で抱えられ、空を飛んで運ばれていた。

「『そうか、そうやって支えられている身なんだ』と、諭された思いがして、出演を決めました。十年後、キャンペーンがきっかけで洗礼を受けたという人にも出会い、蒔《ま》いた種はいつかどこかで芽を出す可能性があるのだということを、実際に見せてもらえる体験でした」

自伝のタイトルについて聞くと〝ふたり〟とは、「芸能界で違和感を感じていた自分」と「キリスト教界の中で違和感を感じる自分」なのだと言う。後者は、たとえばクリスチャンになりたての頃、キリスト教界独特の雰囲気やことば遣いにとまどい、違う国の人と話しているように感じた自分で、今も時々顔を出す。ただ、それも大切な自分の一部、なくしたくはない。

「福音を伝えたいのは、まだキリストのキの字も知らない人たち。そのためには、その人たちに届くことばをもっていたい」

自分が聖書やキリストのことを語るとき、そこから、たった一つでも何か心に引っかかってくれたら…。そんな思いで蒔き続ける種が、いつか誰かをキリストへと導くことを期待している。小百合さんが幼い時、教会で耳にした、「シュワレヲアイス…」のように。

（伊藤千賀子）

キリストのキの字も知らない人たちに届くことばをもっていたい。

＊この記事は「百万人の福音」2019年5月号に掲載されました

がんが教えてくれる希望

樋野さんが病院の一角で始めた「がん哲学外来」。それを発展させた「がん哲学外来・カフェ」は今や全国で知られ、各地で拠点を増やし続けている。人は何を求めて「カフェ」を訪れるのだろうか。日本人の死因第一で、今や2人に1人がかかると言われるがんを通して、見えてくる希望とは…。

樋野興夫さん

病理学者
順天堂大学名誉教授
新渡戸稲造記念センター長

ひの・おきお：1954年、島根県生まれ。順天堂大学医学部病理・腫瘍学名誉教授、医学博士。一般社団法人がん哲学外来理事長。米国アインシュタイン医科大学肝臓研究センター、米国フォックスチェイスがんセンター、がん研究実験病理部長を経て現職。日本癌学会理事、日本家族性腫瘍学会名誉理事長、第99回日本病理学会総会会長、がん哲学外来市民学会代表。長年の遺伝性がんの研究中、中皮腫の腫瘍マーカーを発見。肝がん、腎がんでの研究功績が認められ、日本癌学会奨励賞、高松宮妃癌研究基金学術賞などを受賞。2008年、提唱する「がん哲学外来」を開設し、現在は「がん哲学外来&メディカルカフェ」を全国で展開。著書に『がん哲学』(EDITEX)、『こころにみことばの処方箋 世界に広がる「がん哲学」』(いのちのことば社)、『がん哲学外来へようこそ』(新潮新書)、『がん哲学外来で処方箋を：カフェと出会った24人(TOMOセレクト)』(日本基督教団出版局)ほか。久留米バイブルフェローシップ教会員

サマリヤの女の実践だね、井戸に水汲みに来てイエスに出会った時の。帰りは明るい表情になっている。

「サマリヤの女の実践だね、井戸に水汲みに来てイエスに出会った時の。来るときは顔に苦悩を浮かべているけど、帰りは人のために何かをやろうという、明るい表情になっている」

順天堂大学医学部で教授を務める樋野興夫さん（62歳）は、「がん哲学外来・カフェ」に訪れた人のようすをそう話す。

「がん哲学外来」とは、診断や治療をする診療科ではない。がん患者の悩みに耳を傾け、心に効く「ことばの処方箋」を出すという樋野さんの始めた働きで、がん患者が病を得たことを機に、より良い生き方を模索するのをサポートするもの。それを発展させ、より多くの人が参加できるよう、病院から街中《まちなか》に場所を移したのが「がん哲学外来・カフェ」だ。スタートから八年、賛同者は次第に増え、開催されるカフェの拠点は今や全国で九十四箇所に上る。

たとえばその一つ、「お茶の水メディカル・カフェ」（東京・千代田区）には、患者やその家族、医療関係者など、毎月約七十名が訪れる。数人ずつグループに分かれてお茶を飲みながら、治療の不安や医師とのコミュニケーション方法、家族や職場の人間関係などさまざまなことについて対話の時をもつ。皆、自分のことばで率直に語り、他の人の話には真摯に耳を傾ける。どの顔にも胸の内を話し、悩みを共有できる安堵《あんど》と喜びがあふれている。

樋野さんの講話が始まると、会場はたびたび笑い声に包まれる。「人間は最後の五年間が勝負」「本当の希望は、苦しみに遭った人にだけ生まれる」「人生の目的は『品性の完成』」など、心の栄養となることばがユーモアを交えて語られ、熱心にノートを取る参加者も多い。閉会時には、一人一人が希望の種を握り締め、日常へと戻っていく。

「カフェに来て悩みがすべて解決するわけではない。でも、解消する。つまり悩みの優先順位が下がることで、自分の生き方を見つめ直し、与えられた使命を生きる意欲が湧いてくる。病気があっても、『病人』ではなくなるんだね」

病気の人が「にもかかわらず」見せる笑顔は、周囲の人の慰めになる、と樋野さん。カフェは、その実証の場でもある。引きこもりの子が、心を開いて対話に加わったり、末期がんで寝たきりの祖母が人を思いやる姿を見て、孫の非行少年が立ち直った

「お茶の水メディカル・カフェ」会場。人を傷つけないことが大前提。人の話をよく聞く、自分の意見を押しつけないというルールとともに、意見の違いや自分の考えが変わることを楽しむ場

樋野さんによると「人間関係を円滑にするのはユーモア。それと『暇げな風貌』」（バックは順天堂大学）

「お茶の水メディカル・カフェ」を主宰する榊原寛さん（右）と

「がん哲学」誕生から今までを振り返り、「自分でやった実感はない。後ろから押されてるような感じ」と話す樋野さん

悩みがすべて解決するわけではない。でも、解消する。病気があっても、「病人」ではなくなるんだね。

りする。視力や手足の自由を病で奪われたハンセン病患者が、そのうえがんを患ってもなお希望を語るのを、背筋を伸ばして聞き入る不登校児の姿がある。「人生は、他の誰かへのプレゼント」。カフェでそんなシーンに出合うたび、樋野さんはその確信を強くする。

＊

樋野さんが生まれたのは、島根半島の西端、出雲市の鵜峠《うど》という小さな港村。村に病院は無く、幼い頃、熱を出しては母に負ぶわれ、隣村（鷺浦《さぎうら》）に行かねばならなかった。「大人になったら医者に」。峠のトンネルを越え、診療所へ向かう母の背に揺られながら、樋野さんの幼い心に、その思いは芽生えた。

「君は、南原繁のような人物になれ。彼は実に愛情豊かな、スケールの大きい人だった」

進学のために通った予備校の教師に、東京帝国大学総長を務めた南原繁の教え子がいた。樋野さんはその人の勧めで南原の著作を読み、強く感銘を受ける。彼に影響を与えた新渡戸稲造や内村鑑三、さらに、新島襄や矢内原忠雄など、明治から昭和にかけ活躍した偉人たちの本も読み進めると、彼らの思想の背後にあるキリスト教に興味をもち、聖書も愛読するように。青年期、読書で得た含蓄に富むことばの蓄積は、後にがん哲学外来でことばの処方箋となり、多くの人を励ますこととなる。

大学卒業後は、国内外のがん研究所勤務を経て、順天堂大学の病理医※に。

※患者の診療を行う臨床医から組織・細胞などを受け取り、病気の診断をする医師

話を十分に聞くのも、教会に求められている現代的役割だと思うよ。

ある日、中皮腫の患者から相談を受けた。時間を取って話を聞くうち、病気に付随する患者の悩みが、治療のことだけでなく、人間関係や経済、将来についてなどさまざまな問題に波及していることを知る。また、患者の目線になれない「馬の上から花を見ている」状態の現在の医療が、それに応えられていないことを痛感した。

同じ頃、環境条件の悪化で「不良」が生まれるなど、「がん細胞で起きることは人間社会でも起きる」という不思議な共通点に目が留まり、人間と病気の背後にある人知を超えた神の摂理を強く感じるようになった。それらさまざまな気づきは、樋野さんの中で並列に存在していた「病理学」と「人間学（聖書の真理）」の架け橋となり、やがて二つが統合。「がん哲学」の誕生につながった。

二〇〇八年、病院の一室で始めた「がん哲学外来」には、多くのがん患者が訪れ、キャンセル待ちは八十組にもなった。テレビや新聞にも取り上げられて大きな反響を呼び、より普及できる形の「カフェ」として街へ飛び出すこととなった。

＊

「ちょっとした隙間だったね。医療の埋められない隙間にちょうどよくはまった」

カフェが多くの人に受け入れられた理由を、樋野さんはそう話す。そして今、埋めなくてはならない隙間が、日本の教会にも生じていると危惧する。カフェを訪れる人の中には、教会では相談しにくいというクリスチャンも少なくないのだ。悩みをいちばんにもっていけるはずの教会が、本来の機能を十分に果たせていないのではないか。

「教会もヨブ記の四人の友人になる危険をはらんでいる。人は弱った人を、最初は同情とあわれみで訪れるけど、その後は注意しちゃう。そして最後は怒るんだよ。お祈りや説教はもちろん大切。でも、話を十分に聞くのも、教会に求められている現代的役割だと思うよ」

がんはクリスチャンでない人も牧師でも、なるときは誰でもなる。そんな病をキーワードにした対話の場を教会が提供すれば、そこでさまざまな人が支え合い、励まし合うことができる。すでに教会でカフェを始めているところでは、クリスチャンでない参加者も多く、結果的に福音に触れる機会にもなっている。空の器となる場所を用意して、中身は来た人に入れてもらえばいい。

カフェの原点は、新渡戸稲造が学校の校長だった時、学生のために開いたカフェなのだという。そんな敬愛する先人たちと、天国でカフェをするのが樋野さんの夢。そして今、故郷の鵜鷺《うさぎ》（鵜峠＋鷺浦）をはじめ、各地にカフェを増やすビジョンに向かい、同志の現れを熱望している。かつて大志を抱き、日本の未来につながる礎を築いた多くのクリスチャンが現れたように。

「教会も宗教革命しないと。今こそ、クリスチャンの出番だよ！」

（伊藤千賀子）

＊この記事は「百万人の福音」2016年9月号に掲載されました

旬彩人

写真：石黒ミカコ

子どもたちに元気を運ぶ〝キコお姉さん〟どんな時でも自分らしく

タレント

キコ・ウィルソンさん

一九九三年日本生まれ。十歳で受洗。英語と日本語を操る。高校生の頃からNHK「基礎英語一、二」でMCを務める。NHK Eテレ「えいごであそぼ」で五年間レギュラーを務め、ベネッセのDVDシリーズにも出演。ベネッセの子ども向けミュージカルや「こどもらうんじ」の子ども向けソロアルバムとともに全国ツアーで、ステージに立つ。CMやテレビ、女優、声優と仕事の幅を広げている。

「賛美歌が流れる場所での撮影は初めてです」。場所は郊外のおしゃれなカフェ。英語の賛美に反応したキコ・ウィルソンさんは日本とアメリカのハーフ。モデルのほか、テレビ、ラジオの子ども番組では、「キコお姉さん」として親しまれるキコさんだが、二つのことば、文化の間に生まれたことが、コミュニケーションの大切さを教えてくれた、と語る。

「キコ」は漢字で「祈子」と書く。「両親はなかなか子どもが与えられずに、ずっと祈ってきたんです。五年めにやっと与えられて」。岩手県で生まれた。アメリカで出会った両親は日本への宣教の思いが与えられて来日。でも岩手にいたのは二歳まで。その後、父がアメリカの大学院で学ぶのに伴って渡米。四年間過ごしたが、そこでの記憶はわずかしかない。それでも明確に覚えていることがある。「三歳の時に、はっきりとイエス様を信じました。たぶん夕食の後で、母は台所にいて、父がソファで私に絵本を読んでくれていました。その本の最後に、救いの祈りが書いてあって、その時、自分で信じようと思ったんです。『イエス様、あなたを信じます』という祈りを父と一緒にしたんですけど、そうしたら何か体の中からすごい喜びがあふれ出てきて、歌い出したんです。〝イエス ジーザス ラブズ ミー〟だったかな。きっと子どもなりに罪の意識があって、赦《ゆる》されたということが多分わかったのだと思います。その瞬間から人生が百八十度変わった、とは思いませんでしたが。まだ三歳でしたから」

祈りを父と一緒にしたんですけど、そうしたら何か体の中からすごい喜びがあふれ出てきて、歌い出したんです。

ステージで。写真提供：日本CGNTV

六歳の時に再び日本へ帰ってきたが、いつの間にか話すことばは英語になっていた。日本語がわからず、外に出たときにお店の人や周りの友だちと、コミュニケーションを取れないことが、自分の中でフラストレーションになっていった。意思の疎通ができるようになるまで、二年くらいかかったと言う。「ことばでお互いにわかり合えるということは、とても大切なことだと思います。ハーフだったからこそ、子どもの時にその大切さを知りました。それは大きなことだったと感じています」

◆

子どもの頃から、人に何かを伝える仕事がしたい、という気

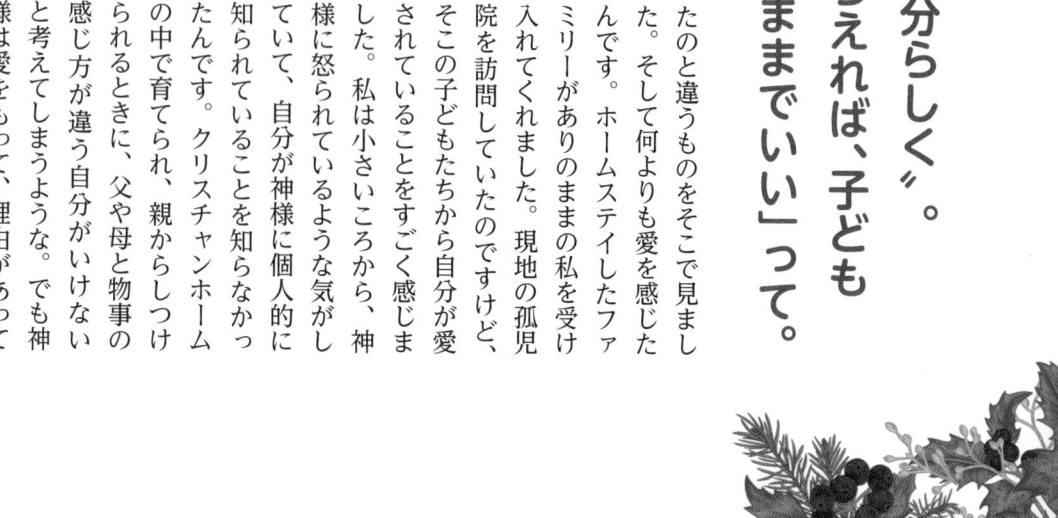

Kiko Wilson

（写真上）取材の時は髪をアップにして

CD「こどもらうんじ えいご Merry Christmas」（©グラジオラスレコード）

カフェのテラスで

どんなときでも〝自分らしく〟。そんな姿を見てもらえれば、子どもたちも「自分もこのままでいい」って。

持ちがあった。人前でのパフォーマンスに限らず、何かを伝える仕事。それをわかってくれた母が、自分と妹を芸能プロダクションに連れて行ってくれた。十歳の時に、テレビの子ども向け教育シリーズに妹と出演。同じ時期、「ディズニータイム」という、テレビ東京系列の番組にも出演した。勉強は高校までホームスクーリング。教会には、日曜日だけでなく、週日の祈祷会や聖書研究会にも、母に連れられて通っていた。三歳で神様を信じたキコさんだったが、十六歳で行ったメキシコへのミッショントリップが、大きな転機をもたらした。

「想像以上にインパクトがありました。人々の生き方も感じ方も、それまで自分が知っていたのと違うものをそこで見ました。そして何よりも愛を感じたんです。ホームステイしたファミリーがありのままの私を受け入れてくれました。現地の孤児院を訪問していたのですけど、そこの子どもたちから自分が愛されていることをすごく感じました。私は小さいころから、神様に怒られているような気がしていて、自分が神様に個人的に知られていることを知らなかったんです。クリスチャンホームの中で育てられ、親からしつけられるときに、父や母と物事の感じ方が違う自分がいけないと考えてしまうような。でも神様は愛をもって、理由があって私をこういうふうに造ってくださっている。ありのままの自分をメキシコの人たちも、神様も

毎日の人との関わりの中で、誰かの味方になれたら本当にいいなと思うんです。

愛してくれている。そのことを強く教えられました」

◆

メキシコから帰ってからは、「神様が望む仕事に導いてください」と祈っていた。その時に与えられたのが、NHKの「基礎英語」の仕事だった。「オーディションを受けたら、漢字がわかる子、ということだったので、当時は漢字があまり読めなくてダメかなと思ってたんですが」。それ以降、ベネッセの「こどもちゃれんじ English」やNHK Eテレの「えいごであそぼ」で、テレビの前の子どもたちに向けて「キコお姉さん」として話しかけるようになった。ベネッセの子ども向けミュージカルや「こどもらうんじ」の全国ツアーでステージに立つことも増えた。

でも、テレビの中でもステージの上でも、「お姉さんらしく」振る舞ったことは一度もない。「考えているのは、どんなときでも〝自分らしく〟ですね。そんな姿を見てもらえれば、子どもたちも何かを感じてくれて、『みんなと違っていてもいい。自分もこのままでいい』って思ってくれたらうれしいです」

◆

ケータイに没頭している子を見ると、その世界に逃げ込んでいるように思えると言う。「SNSは、確かに便利で楽しいツールですけど、『いいね』の数でその人の価値が決まるわけじゃないですよね。SNSって、自分の本当の価値を忘れてしまいやすい場所だと思います。神様は愛をもって私たちを造られたこと、私たち一人一人をそのままで愛してくださっていることを、思い出すことが大事かなと思います。そしてデジタル化する世の中だからこそ、本を読んだり、外で友達と遊んだり、自然の中で冒険したり、そんな楽しさをもっともっと体験して、楽しんでもらいたいです。多くの人がプレッシャーの中で暮らしている社会かなと感じます。でも、そんなに頑張らなくていいでしょう。あなたを造ってくださった神様は、そのあなたのことをいちばん大事だと思ってくれているのですから。どんな状況であっても、一人じゃないということを忘れないでほしいです」

ある時コンサートの後で、一人のお母さんと子どもが来て、「この子が大変な時期に、あなたのDVDを見て助けられました」と、泣き出しそうになりながら話してくれたことがあった。とてもうれしく思ったのと同時に、「支えを必要としているのは、子どもだけじゃない」ということも感じた。「私も神様に愛されて、多くの味方に支えられています。その私が、テレビやステージや、毎日の人との関わりの中で、誰かの味方になれたら、本当にいいなと思うんです」

（高橋昌彦）

撮影協力：Rose Town Tea Garden
http://rosetownjapan.com/

＊この記事は「百万人の福音」2019年12月号に掲載されました

習字で書いた「平和」の文字を掲げる生徒たちと

突然のがん宣告と夫の死。それをきっかけに教師を辞め、国際協力の道を歩み始めた玉木由美さん。バングラデシュに学校を設立し、現在、校長を務めている。これまでの道程で、重ねてきた決断の背後には、数々の不思議な出会いと導きがあった。

生かされてあるいのちを、バングラデシュの教育に

旬人《しゅんじん》 彩人《さいじん》

撮影協力：小林恵
学校写真提供：玉木由美

玉木由美さん

YOU&ME・インターナショナルスクール校長

たまき・ゆみ：東京都生まれ。公立中学で英語教諭として20年以上勤めた後、2007年、バングラデシュに、YOU&MEインターナショナルスクールを開校。校長に就任し、日本と行き来しながら学校の運営、発展のため精力的に活動している。NPO法人YOU&MEファミリー代表理事

世界一の教育を与えたい。絶対的な意味での。教育で一人の子どもの未来が開ければ、全世界の未来が開ける。

『こんな楽しいこと、独り占めにしちゃだめですよ!』。そう言って応援してくれる人が次々と現れ、日本でも支援の輪が広がっていったんです」

そう話すのは、バングラデシュでYOU&MEインターナショナルスクールの校長を務める玉木由美さん。

国際貢献を志して訪れたバングラデシュで、由美さんは現地の牧師夫妻、ワハブさんたちと協力し、二〇〇七年、ダッカ郊外に学校を設立。貧困などで学校へ通えない子どもたちに、教育の場を提供している。

校舎があるのはカジプールという町。土地はワハブ夫妻の提供で、妻のリナさんが副校長だ。二人三脚で一から立ち上げ、初めはスタッフの給与も自分たちの持ち出し。しかし、賛同者が増えるに従い、二〇一五年にはＮＰＯ法人YOU&MEファミリーを設立し、運営の基盤とした。開校時、二十六名だった生徒は現在四〇〇名弱。教員・スタッフも十八名と、今や地域になくてはならない教育施設へと成長した。

毎年恒例の日本からの体験型学校見学「スタディ・ツアー」も好評。参加者は子どもたちと交流しつつ、学校への理解を深め、異文化との出合いが、新しい自己発見の機会にもなっている。クラブ活動や遠足、文化発表会など、参加者の意見から導入したものも多い。個性を伸ばし、社会性を育てるこれらの活動は、バングラデシュではめずらしく、今や学校は、文化の拠点としての期待も背負う。

「世界一の教育を与えたい。他と比較してではなく、絶対的な意味での世界一。教育で一人の子どもの未来が開ければ、全世界の未来が開ける」

それが由美さんの信念だ。

＊

由美さんは東京都足立区生まれ。青山学院大学在学中に信仰に導かれ、卒業後は、区立中学の教師となった。就職当時は校内暴力全盛期で、荒れすさむ生徒たちを相手に格闘し、苦悩の日々が続いたが、数年後、結婚・出産を機に変化が訪れる。同じ大学で出会った夫、真一さんと子どもが支えとなり、心にゆと

▲◀ 生徒が増えたため、教室増設のためのチャリティーイベントを開催

◀授業風景。日本から送られた教材など、子どもたちは大切に使って学んでいる

スタディーツアー

バングラデシュに作った学校での集合写真

「純朴、素朴。人と人との距離が精神的にも物理的にも近くて温かい」。到着後、すぐにバングラデシュを愛おしく感じるようになった由美さん。その国を愛せるかどうかが何より大切と、ボランティアの大先輩に受けた助言を思い出し、この国で働けると確信した

ぼくはいつかバングラに行きたい。できたら君と一緒に。その時がくるのを一緒に祈ってくれないか。

りが生まれ、由美さんは仕事に喜びを感じるようになった。

そんなある日、検診で乳がんを宣告される。闘病生活が続く中、由美さんは命に限りがあることを実感。「今、生かされていることの意味を、いつも心して生きよう」と、胸に刻んだ。

しかし治療を終えた半年後、更なる悲劇が由美さんを襲った。真一さんが病で急逝したのだ。四十四歳の若さだった。

「当時のことは、今も受け止めることができない」と、由美さんは声を詰まらせる。最愛の夫の死に、心は絶望に覆われ、泣き暮れる日々を送った。しかし、そんな中、彼にやり残したことがあるのではないかと、遺品に答えを探し求めていた由美さんは、一通の手紙を見つける。

「ぼくはいつかバングラに行きたい。できたら君と一緒に。今は無理でも、その時がくるのを一緒に祈ってくれないか」

それは昔、由美さんが真一さんから受け取った手紙だった。

牧師家庭に育った真一さんはクリスチャンで、病院事務を務めながら、国内外のボランティア活動に力を注ぎ、自らもボランティア団体「ルカ・ジャパン」を設立するなど、奉仕の精神にあふれた人だった。手紙を受け取った当時、日々の忙しさに疲れを感じていた由美さんは、彼の願いに真剣に向き合わず、手紙の存在もいつしか忘れていた。時を超えて語られたメッセージが胸に迫り、後悔が心に

あふれ、由美さんは泣き崩れた。

「何ができるかわからない。でも、バングラに行こう」

教師を辞めることを決め、由美さんは単身、海を越えた。

❊

「カジプールに学校をつくりたいと願っている牧師夫人がいるんだけど、会ってみる?」

バングラデシュの都市で教師のボランティアをした後、由美さんは知人からワハブ牧師とその妻リサさんを紹介された。早速訪ねると、聖書を手に現れたワハブ牧師は、由美さんにこの国へ来た理由を尋ねた。

「自分の意思というより、何かに導かれるようにここに来た。私の中で生きているイエス様が、そうさせていると感じる」

由美さんのことばに、ワハブ牧師はぱっと聖書を開き、言った。「それは、ガラテヤ人への手紙、二章二十節ですね」

ことばも文化も違う、イスラム教国の小さな町。でも、聖書を真ん中に置けば、つながることができる。驚きと喜びで胸がいっぱいになった由美さんの心に、この人たちとなら共に歩めるという確信が生まれた。

その夜、招かれた夕食の席、ワハブ家族に囲まれ、これまでのいきさつを話していると、心の奥にしまい込んでいた感情が堰《せき》を切ったようにあふれ出た。誰にも理解してもらえないと思っていた深い孤独と悲しみ。ふと見ると、号泣している自分と一緒に、皆が泣いている。心を寄り添わせ、共に悲しむ人たちの中で、由美さんは心が癒やされていくのを感じた。「この場所に、確かにイエス様がいる」

リサさんが語りかけた。

「あなたを待っていた。どの国の人でもいい、学校を作る同労者をと、五年間、祈り求めた。今、与えられた気がする」

導かれるようにここに来た。私の中で生きているイエス様が、そうさせている。

「夫の意志を継ぐなどという単純なことではない。どう生きていくのかを見つめ直し、深く考えた末の決断だった」

その後、二度めのがんを経験し、平坦でない道は続く。しかし、由美さんは立ち止まらない。

昨年、ダッカで日本人をも巻き込むテロ事件が起きたが、由美さんは一か月後には、学校へ向かった。外務省の注意喚起が出される中、もしものことを考え、二人の息子に遺言状を残しての渡航だった。生徒とスタッフの無事を確かめ、喜びを分かち合うと、由美さんは朝礼で子どもたちに語りかけた。

「世界が求めているのは、違いを尊重しながら助け合い、お互いを大切にしていく平和です。バングラから、その平和を発信していきましょう」

「たとえ外がドンパチやっても、学校の中は天国のよう」。そう話す由美さんの笑顔は、バングラデシュの強い日差しのように、輝いていた。

(伊藤千賀子)

■ NPO 法人 YOU&ME ファミリー連絡先
yumi-saint@hotmail.co.jp
http://youandmebangladesh.org/

＊この記事は「百万人の福音」2017 年 3 月号に掲載されました

旬人《しゅんじん》彩人《さいじん》

写真・日比野則彦氏提供
（撮影：清水和土氏
studio titto)

「音楽は〝祈り〟」
神の〝管〟として届ける希望

日比野 則彦さん

音楽プロデューサー・
作曲家・
サックス奏者

ひびの・のりひこ：1973年、兵庫県生まれ。大阪大学人間科学部卒業後、米バークリー音楽院ジャズ作編曲科で学ぶ。卒業後、映画館支配人を経て大手ゲーム会社に入社。作曲を担当したゲーム「メタルギア・ソリッド」シリーズが、世界的大ヒットとなる。2005年に独立し、ゲーム音楽等の製作会社「ジェム・インパクト」を設立。08年、「日比野音療研究所」を設立し、音響振動発生装置「凛舟」の開発に取り組む。12年、セラピストとの出会いを通して、音楽によって「いのちの希望」を届けることを模索。13年に始めた企画「天上の音楽—ハートケア・コンサート」は、全国120か所での公演へと回数を重ねている。17年、「ジェム・インパクト」を社名変更し、「（株）日比野音療研究所」が法人化される。新潟県在住、日本同盟基督教団・北新潟キリスト教会出席。

新潟県を拠点に、作曲、演奏、音響、伝達方法など、音楽のあらゆる分野を徹底して研究・追求する「(株) 日比野音療研究所」。代表取締役である日比野則彦さんは、サックス奏者、作曲家、音楽プロデューサーとしても多方面で活躍する。音楽に関する技術・専門知識は、かつて自身が世界的な名声を得たゲーム業界で培われたもので、当時の音楽への動機は「成功」だった。しかし、挫折体験をきっかけに神と〝再会〟し、現在は「多くの人にいのちの希望を届けたい」という一心で、高いクオリティを追求・提供し続けている。

「自分が人を癒やすんだ」という気持ちが強く、神様は不在でした。ですが、その女性の演奏は祈りそのものでした。

◆

幼い頃から音楽に親しみ、サックスと出合ったのは中学生の時。大学時代は軽音楽部に所属し、腕を磨いた。

卒業後、進路を巡って両親と対立。家を飛び出し、トラック運転手をして資金を貯め、米国バークリー音楽院のジャズ作編曲科に留学した。学びは多岐にわたり、音楽ビジネス、レコーディング技術、コンピュータによる音楽制作など、幅広い技術と専門知識を学んだ。

卒業後、一年して帰国し、日本の大手ゲーム会社に入社。当時は、家庭用ゲーム機の進化とともにゲーム音楽の可能性が大きく広がり、同時に高いクオリティが求められ始めた時代だった。そのニーズにぴたりとはまったのが、幅広い専門知識をもつ日比野さんだった。ハリウッドとコラボレーションした大型ゲーム企画の音楽制作に携わり、同作が、全世界での累計販売数四千万本を超える大ヒット商品となる。ゲーム音楽はその製品の象徴ともいえ、日比野さんもたちまち世界的な名声を得ることになった。

二〇〇五年、独立し、ゲーム音楽等の制作会社「ジェム・インパクト」を東京に設立した。さらに、知人ががんを患った経験から、「音楽での癒やし」に注目。音楽のあらゆる分野で追求しようと、個人事務所「日比野音療研究所[※]」を立ち上げた。二〇〇八年のことだ。

妻の愛子さんは、
ソプラノ歌手として
「天上の音楽」にも出演

すべてが順調に見えたが、この頃から、思いがけないトラブルに見舞われるようになる。「子会社のビジネスが予想もしないところで崩壊したり、スタッフ間のもめごとが起きて何人も辞めたり。状況はどんどん悪化していきました」と振り返る。

母親がクリスチャンという家庭で育ち、自身も洗礼を受けていたという日比野さん。「旧約聖書のヨブのような」失望感にさいなまれた。そんな二〇一〇年のある日、出演を依頼された集会で、後に妻となる愛子さんと出会う。「彼女は、それまで僕の周りにいなかったタイプで

※ 2017年3月、(株) ジェム・インパクトの社名変更というかたちで、日比野音療研究所の活動を法人化

右側・上下：「天上の音楽」の一場面
左側・上　：日比野音療研究所で開発・製造している音響振動発生装置「凛舟」
左側・下　：「凛舟」の制作は、新潟県加茂市の桐たんす職人による。原木調達から製材・加工まで一貫して木工部分を担当している

「凛舟」は、1か月間の無料お試しが可能。レンタルは月1万円から。

（株）日比野音療研究所（URL：www.hstl.net）
新潟本社：〒950-3101 新潟市北区太郎代2630
東京事務所：〒100-0005 東京都千代田区丸の内 2-3-2 郵船ビルディング 1F　**問い合わせ＝** TEL:03-5533-8555

真のやすらぎを届けるには、作曲、演奏、音響、伝達など、音楽のすべての側面で一貫した「祈り」が必要だと知りました。

した。僕が順調なときはいろんな人が近づいてきましたが、状況が変わると皆去ってしまった。でも彼女は違って、クリスチャンとしてもとても尊敬できる人でした」

自身は「中身の伴わないクリスチャンだった」というが、愛子さんの通う教会に出席するようになり、次第に変えられていった。「それまで、結果を出さなければ自分の存在価値はないと思ってきました。ですが、それができなくなった時、無条件で受け入れてくださる神様の存在に気づいたのです」

その後の二〇一二年、さらに転機が訪れる。アメリカの友人を通して、現地のホスピスを見学した時のことだ。そこで、ハープでセラピーを行うカトリックの女性に出会った。女性は、終末期にある患者に「聞かせる」のではなく、呼吸に合わせてメロディーを奏でるなど、ただ心に寄り添い、その魂の慰めのために演奏をしていたという。「衝撃でした。僕が商業音楽の世界でやってきたのは、自分が良いと思う音楽をいかに届けるか、ということ。研究所設立の時も、『自分が人を癒やすんだ』という気持ちが強く、そこに神様は不在でした。ですが、その女性が演奏する場には確かに神様がおられ、それは祈りそのものでした」と振り返る。

「自分も、『癒やす』のではなく、いのちの希望を届けたい」。その思いが、「天上の音楽――ハートケア・コンサート」の開催へとつながる。従来の「聞か

せる」コンサートではなく、歌や演奏などの音楽と、それにリンクした映像、終末期医療に携わる医師やホスピスのチャプレンなどのトークを一体化させて聴衆の感性に働きかけ、「生きる希望」を感じ取ってもらえれば、という取り組みだ。

音楽イベントを造り上げるノウハウは、ゲーム業界で培った。来場者に純粋に音楽を体験してもらいたいと、第一回公演のチケット代は無料にし、費用はすべて持ち出し。そんな日比野さんの姿勢やビジョンに共感した多くの演奏家、関係者の協力を受け、二〇一三年、東京と新潟のいずれも一流のホールで、「天上の音楽」が実現した。

同年、活動拠点を東京から新潟へ移した。「天上の音楽」新潟公演の際、多くの地元の人が協力してくれたといい、新潟に根づく「支え合い文化」に魅せられたためだ。日比野さんはその後、「天上の音楽」を、教派・国籍を超えた多くの教会、クリスチャンでない多くの人の協力を得て、全国の小中学校、介護施設、病院などでも開催しており、公演回数は百二十回を超える。「特に、人生の終末期にいる方や、その看護・介護者の方、大切な人を亡くされた方に、心の平安やいのちの希望を自然に感じ取っていただけるような場でありたいと願っています。そして、クリスチャンであってもなくても、音楽を通して一人一人が神様に触れていただく機会になれば」と話す。

日比野さんが、「いのちの希望」を届けるもう一つのツールとして提供しているのが、「音響振動発生装置『凛舟《りんしゅう》』」だ。研究所立ち上げ当初から、「不眠や心身の病をもつ人に寄り添いたい」との思いで、開発を進めてきた。「刺激の強い音楽は、元気な人にとってはすばらしいエンターテイメントです。ですが、終末期や、心身がつらい状況の方にとっては、刺激が負担になる。『凛舟』は、そのような方にも音楽が心身のケア・やすらぎになれるよう開発したスピーカーです。音によるやすらぎは、楽曲の善し悪しだけでなく、演奏状況や再生環境にも依存するということが、科学的に証明されています」

ヨット型の「凛舟」は、帆の部分の湾曲板が鍵。生楽器と同様に、板を振動させることによって音を増幅させ、生楽器さながらの音色を実現させている。さらに、小さい音量でも遠くまで届き、聴き疲れしにくいという特徴も併せもつ。これに、自然の音や各種楽器の音源と、人のやすらぎのメカニズムを研究して制作した高品質な百七十の楽曲を内蔵しており、どこでも手軽に曲が楽しめる。在宅ケア、介護施設、保育園、オフィス、難聴者宅などで、ストレス軽減のツールとして高い評価を得ているという。

「真のやすらぎを届けるには、作曲、演奏、音響、伝達など、音楽のすべての側面で一貫した『祈り』が必要だと知りました。与えられた経験・技術を生かして、一人でも多くの方に『いのちの希望』をお届けしたいと願っています。そして、その人を癒やしてくださるのは神様ご自身の働き。神様に、僕を〝管〟として用いていただければ」と語った。

（藤野多恵）

癒やしてくださるのは神様ご自身の働き。〝管〟として用いていただければ。

＊この記事は「百万人の福音」2018年7月号に掲載されました

旬人《しゅんじん》彩人《さいじん》

写真：広路和夫

「イエスはすばらしい医者」と語る 睡眠の世界的科学者

睡眠の世界的な研究拠点のリーダーとして、約百五十人のスタッフを束ねる柳沢正史さん。ノーベル医学賞候補の一人とも目される科学者であると同時に、「信仰と科学」を伝道集会で語るクリスチャンでもある。

柳沢 正史さん

筑波大学教授
国際統合睡眠医科学研究機構長

やなぎさわ・まさし：医学者、医師。筑波大学国際統合睡眠医科学研究機構長・教授。医学博士。内皮由来血管収縮因子「エンドセリン」と、睡眠覚醒を制御する神経伝達物質「オレキシン」の発見者。2017 年に朝日賞、2018 年に慶応医学賞。2019 年度には文化功労者に選出。この分野の専門ジャーナリストの間では、ノーベル医学賞の候補者の1人に数えられている。

柳沢さんの一般向け講演は、身近な睡眠についてのさまざまな話題が飛び出す。「生物にはなぜ睡眠が必要なのかは、解明されていない」とか、「大型草食獣の睡眠は三、四時間」など興味深い。

睡眠に関連する「オレキシン」という物質を発見した柳沢さんは、世界から研究者が集まる〝睡眠研究所〟のリーダーを務める。自然豊かな筑波大学の一角に建てられた研究所は、モダンなデザインで、建物内のあちこちに現代アート作品が飾られている。

柳沢さんがキリスト教と初めて接点をもったのは、高校生の時に出合った、クラシック音楽のマーラーの作品だった。

その後、クリスチャンになるきっかけは、結婚だった。同じ大学の医学部で一年後輩だった結婚相手の裕美さんは、洗礼は受けていなかったが、在学中、学校近くの教会の礼拝に通っていた。式を彼女の実家のある岡山の教会で挙げることになり、柳沢さんは準備で岡山に行くたびに礼拝に出席し、聖書を読むようになった。最初に読んだのはルカの福音書だった。

「まず人間としてのイエスに出会い、彼は、医者としてもすばらしい人物だとわかった。病気を癒やすだけでなく、社会的にも復帰させ、最終的には霊的にも癒やす。この態度は、まさに、医学部で昔から教えてきた『全人的医療』なのです」

あくまで結婚準備の一環としての礼拝出席や聖書だったが、牧師から「信仰は神が与えるもの」との助言もあり、結婚一か月前に行った婚約式で、二人一緒に洗礼を受けた。

「その時点で、僕にきちんとした信仰があったとは思えないのですが、結婚して一生一緒に暮らすのなら、基本的な哲学が一緒なのは良いことだと思った」

イエスは、医者としてもすばらしい人物だとわかった。この態度は、まさに、「全人的医療」なのです。

それ以降、柳沢さんの、知識先行だった聖書の読み方が、変わっていった。

「イエスの見方も、それまで『人間』としての面を意識していましたが、『神』としての面を意識するようになっていきました」

クリスチャンとしての自分と、科学者としての自分、その立ち位置はどうなるのかも考えさせられたという。

◆

洗礼後、大学の近くの教会の礼拝に参加するようになったものの、教会員にはならず〝お客さん状態〟が続いた。三十一歳でアメリカのテキサスにある大学で研究生活を送ることになり、アメリカ人教会を訪ねたが、なじめず、渡米して五年間は教会に行かなかった。

「ある時、ダラスの日本人向けミニコミ誌に、日本語教会の牧師が書いていたコラムを見て、礼拝に通うようになりました。そのうち、牧師が巡回で不在のときは、信徒がメッセージをす

筑波大学の〝睡眠研究所〟にはオシャレなカフェのような休憩スペースがある

▼柳沢さんのラボ

睡眠の謎を解く研究室▼

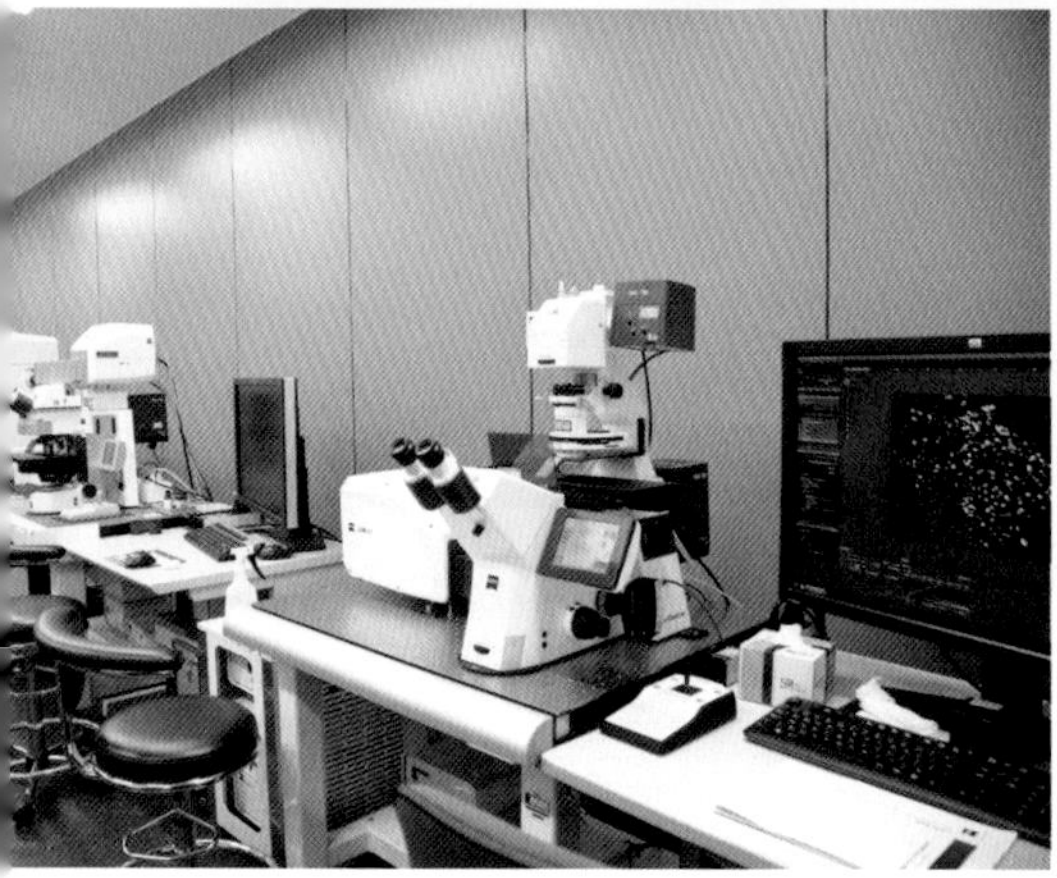

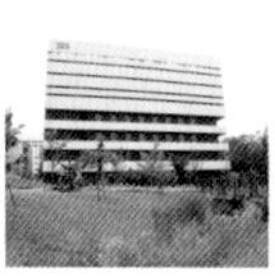

国際統合睡眠医科学研究機構の建物▲　建物内には現代アートが飛ぶ▲

「神の永遠の力と神性は、世界が創造されたときから被造物を通して…はっきりと認められる」ローマ1章20節

ることになりました。しばらくして、僕も担当することになったのですが、それが僕にとって転機となりました。それまでは、聖書を受け身で読んでいましたが、人に伝えるとなると、読み方がまったく違っていきました」

その後、教会執行部の一員に選ばれ、教会のさまざまな問題と取り組み、大学で日本人学生向けに「科学と信仰」という演題で何度も話した。

そうした時代を経て、信仰者である自分と、科学者である自分が、次第にしっかりと結びついていった。その時強く意識した聖書の箇所が「神の、目に見えない性質、すなわち神の永遠の力と神性は、世界が創造されたときから被造物を通して知られ、はっきりと認められる」(ローマ1・20)だった。

「こういうことが聖書に書いてあることが驚きでした。科学者の使命はまさにここにある。被造物を詳細に観察し、創造主なる神の御手《みて》のわざを読み解くのが、僕にとっての科学の究極の目的だと思っています」

座右の銘は、「真実は仮説より奇なり」だという。古くからのことわざ「事実は小説より奇なり」をもじった。

「仮説というのは、人間が限界のある頭で考えたストーリーなのです。それに対して、科学的な真実というのは、創造主である神のわざですよね。だから、そっちのほうが大きい。しかし、サイエンスにとって仮説は重要で、仮説を磨き、洗練していくと、それはやがて理論となる。科学

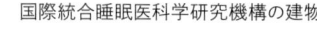

はそれを目指します。だけどそれも一時的なものであり、明日、書き変わるかもしれない。その意味で、自戒の句なのです」

◆

広い意味で生物学を探求する研究者であり、信仰者である柳沢さんは、進化論をどうとらえているのだろうか。

「僕は、有神論的進化論者です。神は、人間を含めすべての生物種を造られたと思っています。ただ、その際に生物学的な進化のプロセスを用いた。そして、いまも神は『進化のプロセス』を使って新しい種を造り続けているのです。

DNAの基本的構造は、単細胞生物も人間も一緒です。神様は無駄なことはなさいません。

自然の中で、宇宙からの放射線などによって常にランダムなDNAの変異が起きていて、そのランダムさは、科学のことばでは本質的にランダムとしか言いようがないものですが、そこに神様の意図があると僕は信じています」

つまり、神は単細胞生物から、連綿と介入しながら生物を高度なものへと変化させたと柳沢さんは考えている。その帰結として、驚くべきことも飛び出した。

「だからアダムにも親はいたと思います。アダムを『土から造った』というのも、土から何十億年かけて造ったのです」

もちろん、聖書にあるように、神がアダムにいのちの息を吹き込み、神のかたちとして造ったという神のわざは決定的で、それまでの進化の過程と一線を画するものだと柳沢さんは言う。

「人間は確たる時間意識をもち、霊的なものを感じ取る能力をもっています。その意味でアダムは特別であり、初めての人間だと言えるのです。

有神論的進化論の立場に立つと、創世記の第一章は生物学的進化のプロセスを非常に詩的に表現していると思います。聖書はサイエンスの教科書ではないので、一字一句そのまま読んでしまうと、いろいろな間違いが生じてしまう。創造の七日は、一日を二十四時間とする意味ではなく、数十億年なんですよね。日と日の境目は何らかの節目であるとは思います。創世記一、二章は、神と宇宙と人の関係を伝えるために書かれたものだと受け止めています。最初があり、方向性があり、時間軸がある。この考え方は、現代の生物学者が思っていることと同じです」

人間の成り立ちについての柳沢さんの仮説に、違和感を覚えるクリスチャンもいるかもしれない。しかし、これまで聞いてきたことと違うというだけで拒絶せず、創世の世界観と最先端科学の合致点となりうるのかどうか、聖書に謙虚に聞いてみてもよいのではないだろうか。

今後の研究課題としての夢は多岐にわたる。

「一つは、睡眠の根本的な謎を解くことに貢献したい。もう一つは、ベンチャー企業を立ち上げたのですが、人間の睡眠状況を客観的に測定するビジネスを軌道に乗せたい。そのほか、突然寝てしまうナルコレプシーという病を解消する薬の開発など、大変なのですが取り組んでいきます」

（砂原俊幸）

神の御手のわざを読み解くのが、科学の究極の目的だと思っています。

＊この記事は「百万人の福音」2019年10月号に掲載されました

旬人《しゅんじん》彩人《さいじん》

写真・福井雅大

神にあって一音一音美しい

父の影響を受け十四歳から津軽三味線を始めた新田さん。三味線奏者としては遅い始まりながら、すぐに才能が開花。全国大会で優勝し、海外でも活躍するようになるが、やがて自分らしさを失っていく。彼が自分らしさを取り戻せた背景には何があったのか。

津軽三味線奏者

新田昌弘さん

にった・まさひろ：1984 年北海道札幌生まれ。津軽三味線奏者。父、新田流家元・新田弘志に影響を受け 14 歳から津軽三味線を始め、7 か月後に 1998 年津軽三味線東京大会中高生の部で優勝。その後 2000 年、01 年、02 年の全国大会で連覇。日本国内だけでなく、世界各国で演奏活動を行い、国際文化芸術交流に貢献している。また、演奏の他にも、舞台音楽の作曲や編曲、映画出演など幅広く活躍。作曲、洋楽器・和楽器を含むバンドを結成し、古典的な楽曲をアレンジし若い世代に向けた音楽を発信、伝統音楽の継承活動に力を入れている。妻と1女がいる。JECA・東栄福音キリスト教会教会員。

上、新宿・絵本塾ホールでのコンサート。右、津軽三味線は普通の三味線よりもひとまわり大きい。津軽の「じょっぱり=意地を張る文化」から生まれたとされている。「打楽器と弦楽器が合わさったところが魅力」と新田さん。激しい音も細く透き通る音も出すことができる（写真・吉田雄一郎）

（写真・あんぐる）

父は津軽三味線奏者、母が民謡歌手という芸能一家に生まれた新田昌弘さん（31歳）。幼い頃から父が弾く三味線の音色を聞きながら育ったが、「あまりにも身近にありすぎて、やりたいとは思わなかった」。

中学二年生の夏、そんな新田さんに転機が訪れる。その頃の新田さんは将来、体操選手になるべく毎日夜十時頃までスクールで練習に明け暮れていた。努力は実り、道内で団体優勝。意気揚々と全国大会に進んだ。

「二位だったんです。下から（笑）。将来は体操で食べていきたいとまで真剣に思っていたので自分のレベルはこんなものなのかと落ち込みました。人生初めての挫折でしたね」

ちょうどその頃、父が津軽三味線の大会で優勝した。

「父の祝賀演奏会に行き、舞台袖で初めてちゃんと父の演奏を聞いたんです。真剣な趣で、ベベベン！　と奏でる姿は、本当に格好良かった。自分もやりたいと思ったんです」

もともと、やるとなったらとことんのめり込む性格の新田さんはその後、寝る間も惜しんで三味線の稽古に励み、七か月後の全国大会・中高生の部で優勝する。

「幼い頃からずっと聞いていたということもありましたし、やればやるほどできる感覚がありました。父のアドバイスもありましたし、プロや全国大会優勝者の演奏CDを完全コピーするほど聞いていました」

鮮烈なデビューを飾り、その後も全国大会で三年連続優勝。ちょうど三味線ブームで、東京のレコード会社から声がかかり、CDデビュー。コンサート出演、映画出演など三味線業界で一躍有名人となる。

「この頃の僕は、とにかく難しい奏法にこだわり、洋楽器とのコラボやジャズなど新しいジャンルへどんどん挑戦していました。津軽三味線で革命を、と気を張っていたんです。一方、

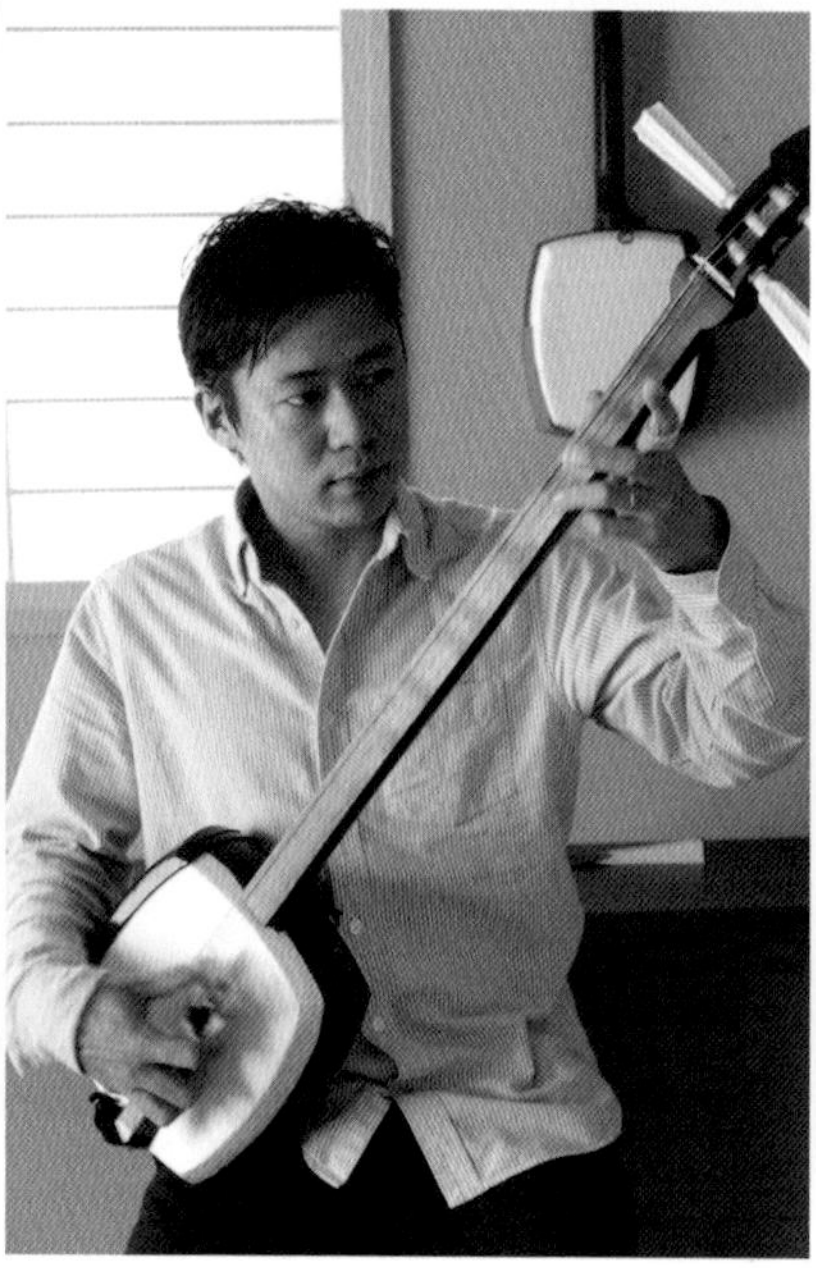

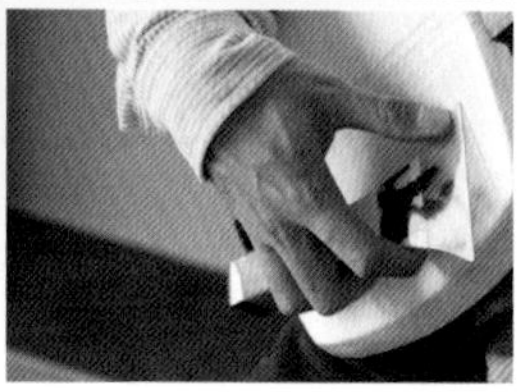

妻の朋子さんと娘の桃子さんと。今二人で描くビジョンは、教会でのコンサートを増やしていくこと。「教会に来たことがない方も、三味線を通して来てくれたらうれしい。昔は誰よりもうまくなりたい、海外や大きな舞台で演奏をと思っていたのに、変わったな…と思います」

ありのままの自分が神様に愛されていると知った時、やっと本当の自分に会えた気がしました。

生活は不摂生、不健康。自堕落で自己中心的でした」

誰よりも自分が優れていなくてはいけない、プライドのぶつかり合う厳しい世界。そしてマネージャーの裏切りや、不安定な音楽業界の現実に直面する中で、やがて新田さんは自分らしさを失っていく。「神がいてくれたら…」。失意の中で新田さんは何度も思った。

実家のある北海道に帰った時のこと。着物のイベントで三味線を演奏してほしいと依頼を受けた。

「そこで出会ったのが、朋子。現在の妻です。第一印象、不思議な力を感じました。二回めのイベントの時に、お付き合いを申し込むと、『クリスチャンじゃないと無理』と言うんです。え？と目が点になりました（笑）」

朋子さんはクリスチャンだった。クリスチャンであるがゆえに、恋人と別れた経験もあった。「私は歳も二十九でしたし、結婚を考えないで付き合いはしたくなかった。結婚すれば、神様を信じる夫と共に、教会に行きたいと願っていました。付き合うと決まってもいないのに『もしご両親が私がクリスチャンだからと言って私をよく思わなくても、絶対私を傷つけないように守ってくれなきゃだめだよ！』と言ったんです」

気迫のこもった朋子さんの返答に、とまどいつつも、だからといって引き下がらなかった新田さん。

「怒られているのかと思いました（笑）。でもりんとしてい

失敗したと思った時間も、すべてひっくるめて、神様に赦され、神様にとっては美しい時間なんだ。

て、『この人、やっぱり何か違う。彼女を支えている“何か”を知りたい』と思いました。それで朋子の通う教会に僕も通うようになりました」

初めて行った教会では今までに感じたことのないやすらぎを感じた。聖書の学びをしてみないかとの牧師の誘いに、「ぜひ」とお願いした。一週間の終わり、静かに聖書を学ぶ時間。音楽業界の中で常にどこか気を張り、演じているかのような毎日の中で、その時間は唯一自分らしさを取り戻せる場所になっていた。「ありのままの自分が神様に愛されていると知った時、やっと本当の自分に会えた気がしました」

教会に通い始めて八か月、二〇一一年七月に洗礼を受けた。そしてその翌年に朋子さんと結婚、一四年には待望の第一子、桃子さんを授かった。

新田さんがいつも枕元に置いている聖書のことばと、二十三歳という若さで逝った愛弟子のことばがある。聖書のことばは「神のなさることは、すべて時にかなって美しい」（伝道者3・11）。弟子のことばは「気持ちのこもっている音に雑音はない。気持ちのこもっている音楽に駄作は無い」。

この聖書のことばに出合った時、絶対的な神の存在感を感じた。「自分にとって失敗したと思った時間も、すべてひっくるめて、神様に赦《ゆる》され、神様にとっては美しい時間なんだ。僕はこのことばでずっと生きていけると思いました」

弟子をとり、教える立場でもある新田さん。弟子や教え子たちは早く弾く方法や難しい技を教えてほしいと言う。

「でも僕がいちばん教えたいのは美しい音です。三味線の“かまし”という奏法は弦をたたいて、はじいて、返して、はじくという繰り返し。それが同じボリュームで弾かれていないと美しい音ではない。急《せ》いて弾くよりも一音一音を大切にすることが美しい音への近道だと伝えます。この思いはこのみことばに出合ってから生まれました。一つ一つの出来事が神様にあって美しいように、一つ一つの音を大事にしたいと思っています。

そして、遺品整理をしていた時に財布の中から出てきた弟子のことばは、僕のこの思いを受けて書いたと生前言っていました。この二つのことばは一生の宝です」

新田さんの作った曲の一つに「東の道」という曲がある。「東」は日本を意味する。日本の自分のところまで神様が来てくれたという喜びを表した、美しいメロディの曲だ。神の気持ちがこもった一人一人の存在に駄作は無い——。その思いを胸に、新田さんは一音一音、丁寧に奏で続けている。

（宮田真実子）

一つ一つの出来事が神にあって美しいように、一つ一つの音を大事にしたい。

＊この記事は「百万人の福音」2015年7月号に掲載されました

旬人《しゅんじん》彩人《さいじん》

写真・広路和夫

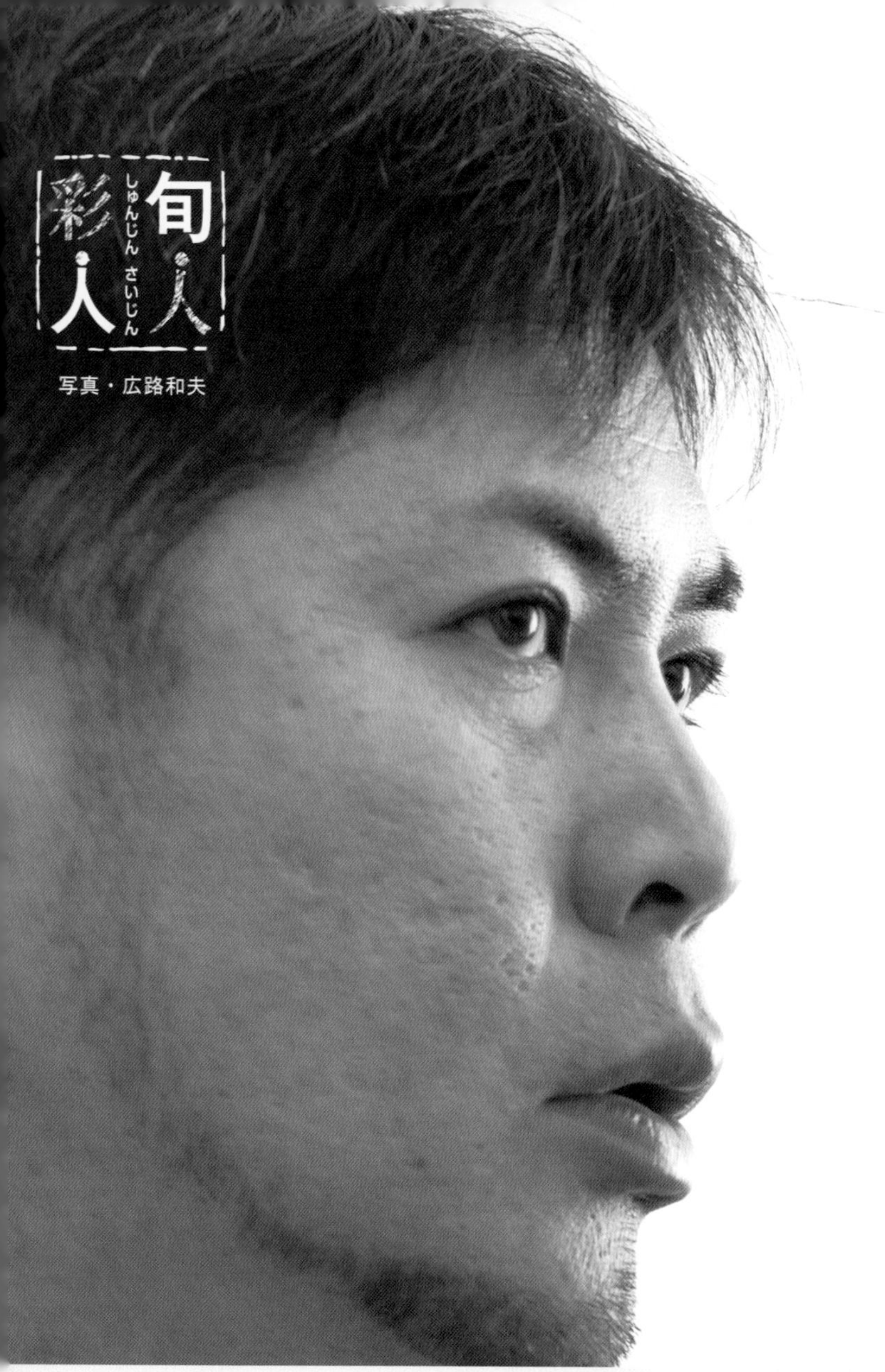

人は変われる、弱さを抱えたままでも

鉄パイプやナイフを手に数十台のバイクを連ねて暴走行為を繰り返す武闘派暴走族。かつて、そのリーダーだった野田詠氏さんは聖書に出合って、神に人生をささげた。今、非行から更生を目指す少年たちにエールを送り続ける。

元暴走族のリーダーで、現在牧師
非行少年の更生支援団体
「NPO 法人チェンジングライフ」理事長

野田 詠氏さん

のだ・えいじ：1976 年生まれ。2000 年、東大阪市にアドラムキリスト教会を開設し、牧師を務める。NPO 法人チェンジングライフ理事長、依存症更生施設「ティーンチャレンジ・インターナショナル・ジャパン」理事、少年院出院者の自助グループ「セカンドチャンス！」監事。著書『私を代わりに刑務所に入れてください』（いのちのことば社）

「〝芋引いたやつ〟。不良仲間の間では真面目になった人間のことをそう呼んで見下すんです。ああはなりたくねーなーって。暴走族やってた頃は、自分も心底そう思ってました」

そう話すのは東大阪市にあるアドラムキリスト教会の牧師、野田詠氏さん（39歳）。牧会の傍ら、保護観察所から委託を受け、非行少年や刑務所出所者等の更生を支援する団体「チェンジングホーム」※の代表を務める。

少年院の出院が決まっても帰る場所のない子どもに住居を用意し、衣食や就職の世話をしながら、相談相手となって自立を後押しする。常時受け入れているのは十～三十代の三～五名で、自立後再び生活が荒れ始めた子など十数名のフォローも担い、これまで八十人以上の青少年らに関わってきた。

かかる費用の一部は国からの支援金を充てるが、支給対象や期間に制限があり、それだけでは賄えないのが実情。足が出た分は持ち出しながらの運営だ。

礼拝や祈り会の後の食事会も、保護する子どもたちとの貴重なコミュニケーションの場。仕事は順調か困っていることはないかなど、日々のようすに気を配る

子どもを受け入れる部屋。少年院出院に際し身元を引き受ける者のない子どもは少なくない

更生教育のため、各地での講演会や少年院での講話も積極的に行う。熱心な活動に対し浪速少年院からの感謝状が贈呈された（右）

アドラムキリスト教会外観。子どもの非行に悩む親が相談に訪れることも多い

P45・46 写真提供：野田詠氏氏

しかし、心を尽くして関わっても「裏切られる」ことも多い。突然の失踪、再犯…。時に、いわれのない逆恨みを買い、身の危険にさらされることもある。それでも、詠氏さんにとって、自分が保護した者との関係は「切っても切れない縁」。裏切られた思いに傷つきながらも、再犯で捕まった子に必要なものを差し入れ、迷いながらも、自分に加害した者をまた受け入れる。そんな不格好でも途切れない働きかけの中で、少年らが自立への一歩を踏み出す姿を何度も見てきた。

「失踪したり、再犯に至った子からも、後々、結婚や会社を起こしたという報告が届いたりします。この活動はパズルのピースの一つです。行政や親、支援団体など、いろいろな人の子どもへの関わりが、初めは効いてないように見えても、ボディーブローのようにだんだん効いてくるんです」

※「チェンジングホーム」は、2017年に特定非営利活動法人の認証を受け、現在は「NPO法人・チェンジングライフ」として活動しています

暴走族時代(上と右)。構成員は 100 名を超えた。「同じ傷を抱えた者が多くいて、独特の居心地の良さがあった」

自身の体験をつづった本『私を代わりに刑務所に入れてください』。タイトルは、少年院送致の判決が下った時、母親が法廷で叫んだことばで、なりふり構わず泣き叫ぶその声を聞いて、詠氏さんはおえつし、母親へのわだかまりがすべて消えていったという

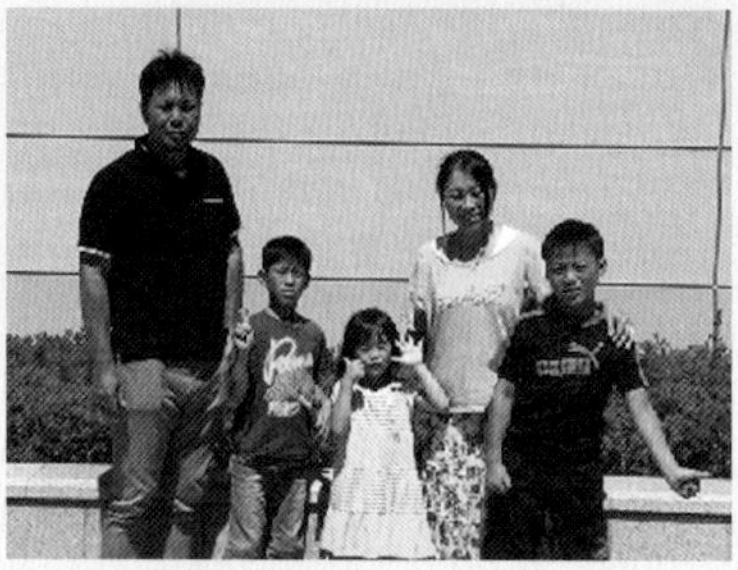

妻、安奈さん(右から 2 番め)、二男一女の三人の子と一緒に。安奈さんは保護する少年たちの、母親的な役割も担う

神学校時代の詠氏さん(右から 2 番め)。入学時は不良仲間から、卒業後はクリスチャンの先輩から、それぞれ目つきが変わったと言われた

「神の前で隠れおおせるものは何一つなく、…すべてが裸であり、さらけ出されています」ヘブル4章13節

すぐに良い結果が表れる働きではない。しかし、関わった時間は確実に実を結んでいくことを、詠氏さんは実感している。

東大阪市、生駒山の麓に、詠氏さんは三人兄弟の末っ子として生まれた。両親は詠氏さんが三歳の時に離婚し、母親は子どもを育てるため夜遅くまで働きに出ていた。年の離れた二人の兄もクラブや塾で帰りが遅く、家に一人でいることの多かった詠氏さんは、いつも空腹と寂しさを抱えて育ち、やがて思春期を迎えると、暴走族集団の中に自分の居場所を見つける。

鉄パイプや金属バットを手にバイクを連ねて暴走すると、自分が大きくなったような気がした。窃盗や抗争、交番の襲撃に明け暮れ、いつしか詠氏さんは暴走族の幹部の一人になっていた。やがて覚醒剤に手を染めると、「誰かに襲われる」という疑心暗鬼に支配されるようになり、枕元にナイフを置かずには眠れなくなった。鑑別所へ収監されても、「はくがつく」と思うくらいで反省することはなかったが、四度めの逮捕でついに少年院送りになる。

「二年も娑婆《しゃば》を離れるなんて、たまったもんじゃない!」

そうふんまんを抱いたものの、一方では命を狙ったり狙われたりする生活に疲れ始めてもいた。そんな時、次兄が面会で差し入れた聖書を読んでいた詠氏さんは、あることばに衝撃を受けた。

「神の前で隠れおおせるもの

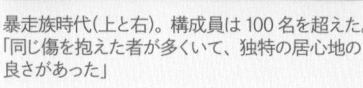

は何一つなく、…すべてが裸であり、さらけ出されています」（ヘブル4・13）

これまでの自分の悪事、警察や親にばれていないことも全部神は知っている。詠氏さんは背中に神の視線を強く感じ、はっきりとその存在を信じた。

常に神の視線を意識して生活するようになった詠氏さんは、少年院を出ると、土木工事の仕事をしながら教会に通い受洗。ミッションバラバの集会で出会った、元やくざの金沢泰裕牧師の生き方に感銘を受け、自らも牧師になることを目指して生駒聖書学院へ進学した。卒業後の二〇〇〇年、生まれ育った東大阪に教会を設立。学院で出会った安奈さんと結婚し、協力宣教師、李玹雨《リヒョヌ》さんの力も得て、非行少年の更生支援を始めた。

神様が「おまえらでええんやで」って言ってくださる限り、その声に従ってこの務めを果たしていきたい。

「覚醒剤はやめられても、クリスチャンはやめられなかった」

神学校時代、やけを起こし、一度だけ覚醒剤に手を出したことを振り返って、詠氏さんはそう話す。学校を脱走し、昔のように快楽に浸ろうと薬物を使用したものの、楽しむどころか、虚《むな》しさしか感じなかったという。「神だのキリストだの言うとって、何やっとるんですか、気分悪いですわ!」　そう吐き捨てる友人のことばに目を覚ますと、詠氏さんは学院に戻り、「あなたのそむきの罪をぬぐい去る」という神の前に膝を折った。そして、心から悔い改め、献身の思いを新たにした。

非行経験のある者の声を、もっと更生教育に役立ててほしいと、詠氏さんは講演会や少年院での講話も積極的に行ってきた。今年二月、自身の体験をつづった本も出版し、新聞やラジオなど多くのメディアの取材も受ける。しかし、自分が更生教育のプロフェッショナルとして取り上げられることに詠氏さんは戸惑いを感じると言う。

「自分は聖人じゃない。おれが専門家だ、信念もってやってるんだ!　って大声で言うつもりもない。でも、神様が『おまえらでええんやで』って言ってくださる限り、その声に従ってこの務めを果たしていきたい」

刺激と快楽ばかりを追い求めた自分が、〝芋引いた〟人間になるとは想像もしなかったという詠氏さん。今、平凡な家族五人の暮らしに心から感謝できるのは奇跡そのものだという。自分の関わる子たちが、同じ奇跡に出合うこと、それが詠氏さんの、最大の望みだ。（伊藤千賀子）

覚醒剤はやめられても、クリスチャンはやめられなかった。

〈支援金の送り先〉郵便振替
口 座：00950-8-255184
加入者名：「NPO 法人チェンジングライフ」

*この記事は「百万人の福音」2015 年 8 月号に掲載されました

旬人《しゅんじん》彩人《さいじん》

写真：広路和夫

公文和子さん

「シロアムの園」代表

神様が与えてくれた隣人

くもん・かずこ：一九六八年、和歌山県に生まれる。父の転勤に伴い、幼稚園～高校時代を東京で過ごす。八八年に北海道大学医学部入学。九四年、小児科医として働き始める。二〇〇〇年、リバプールに留学し、一年間、熱帯小児医学を学んだあとシエラレオネへ。その後、〇二年からケニアで仕事をし、一五年、障がい児とその家族のための施設「シロアムの園」を設立。東京では日本基督教団柿ノ木坂教会、ケニアではコイノニア・ミニストリーズ教会に所属する。

よい動機と、それを実現するための能力があっても、それらを用いてなすべき仕事をする道を開けるのは自分ではなく、神様だった。

ケニアで、存在意義や人権を認めてもらえずにいる障がい児とその家族をケアする施設「シロアムの園」を立ち上げた公文和子さんに、天職に巡り合うまでのうよ曲折と、大きな過ちと、そこに注がれたもっと大きな恵みについて聞いた。

子どもの頃から教会に通っていた公文さんにとって、誰かのために生きたい、自分を必要としてくれる人々のために働きたい、という思いは、気がつけば自分の中にごく自然に根づいていた願いだった。

だが、自分がどこで何をするべきなのかを確信するまでの道のりは、決してスムーズではなかった。

高校卒業後、医師ならできることの幅が広がりそうだと感じて北海道大学医学部に進学。卒業後、北海道大学病院の小児科に入局し、医師としてのキャリアをスタートした。その後、イギリスに留学し、熱帯小児医学について専門に学んだ。

この時の指導教授の勧めもあり、卒業後はシエラレオネ共和国で小児科医として働き始めたが、当時、まだ内戦が続いていた同国の難民キャンプの病院という現場は過酷だった。常時、二百〜四百人の子どもが入院していたが、医師は公文さんただ一人。こちらを診ているうちにあちらの子どもの容態が急変するという状況で、一日に四、五人の患者が亡くなっていく。

心身が疲弊する中で、二か月のうちに三回の大病に見舞われ、ドイツの病院に搬送されてしまった。ドイツから派遣団体のあるイギリスに戻り、しばらく休養したあと、シエラレオネよりは国内情勢も安定しているケニアに、国際協力機構（JICA）から派遣された。

しかしこの時、公文さんの心はまだシエラレオネでの体験から回復し切っていなかった。自分を優しく支えてくれる存在を求めるうち、現地の男性と恋に落ちた。人柄もよく、結婚したいと思える恋人だったが、相手には結婚の意思はない。

交際期間が長くなり、三十代半ばを過ぎていた公文さんは、子どもがほしいという願いを捨

自分を必要としてくれる人々のために働きたい、という思いは、気がつけば自分のなかに自然に根づいていた。

▶日々接する中でいのちのきらめきを感じる　◀シロアムの園のクリスマス発表会
（左右とも撮影：千葉康由）

❶シロアムの園で新しく購入予定の土地で（撮影：千葉康由）

❷今も公文さんを支えてくれる母教会

❸ 在日ケニア大使館にてケニアのマイナ大使（右から２番め）と元在ケニア日本大使・寺田達志氏（右端）と会談

そのかけがえのないいのちに出会った時、神様の赦しと祝福はこんなにも豊かなものなのかと、震えた。

てられなかった。そんなある日、妊娠に気づき、これで彼も結婚を決意してくれるのではないかと期待したが、相手はそのままの関係を続ければいいという考えだった。その時に初めて、「私はとんでもないことをした」と目が覚める思いがした。

◆

クリスチャンホームで生まれ育った公文さんにとって、「教会に行く」ということはあまりにも自然な当たり前のことだったが、高校生の時、姉が大学生になったのを機に教会を離れたのを見て、「行かないという選択肢もあるのか」と驚いた。それと同時に、それなら私は「行く」という選択肢を選ぼうと思い、使徒信条の学びを経て洗礼を受けた。

「隣人に仕える生き方をしたい」というのも、クリスチャンとしての生き方のはずだった。ところがいつの間にか、自分で隣人を探すのに必死になるうちに挫折を繰り返し、行き先がぼやけてきていた。

優先順位も価値観もあいまいになる中での妊娠と、恋人からの結婚の拒絶。なんということをしてしまったのかという思いでケニアでの所属教会の牧師夫人に相談すると、答えは明快だった。「どちらかしかないわよ。神様を離れるのか、その男性を離れるのか。神様に連なっていく気持ちがあるなら、とことんサポートする」

働きを進めるのは自分ではなく神様だと信じた日から、生きることが楽になった。

公文さんの気持ちは決まった。教会に助けを求めてやり直すことにすると、牧師は公文さんとの面接を重ね、陪餐《ばいさん》停止という処分を決めるのと同時に個人的な学び直しに徹底的につきあってくれた。

そのセッションの中で公文さんが繰り返し問われたのは、「神様とあなたの関係はどうなっているのか」ということだった。きっと「信仰者とはこうあるべきだ。こうしてはいけない」ということを教えられるのだろうと想像していた公文さんは、どうしてそんなことを聞かれるのだろうとピンとこなかった。

しかし学びを続けるうちに、自分の人生の中に、いつの間にか神様の居場所がなくなっていたこと、心の中心には自分の考えや願いが居座っていたことに気づくと、これがいちばんの罪だったのだとわかった。

自分の人生を自分でコントロールしようとし、神様を締め出していた。だから神様との関係が崩れ、そんな自分の判断や決断はことごとく間違っていた。そんな深い悔い改めと教会の全面的なサポートの中で誕生した一人娘は、あまりにもかわいかった。そのかけがえのないいのちに出会った時、神様の赦《ゆる》しと祝福はこんなにも豊かなものなのかと、公文さんの心は震えた。

◆

出産後、三年ほどNGOやJICAの仕事をしたあとで小児科の臨床医に戻った公文さんは、その仕事の中でケニアの障がい児たちに出会った。上手に、あるいはまったく話せないために、その声を聞いてもらえない障がい児たち。障がいに関する教育が進んでいないために、存在価値を認めてもらえない障がい児たち。この子たちの声を聴き取り、それを社会に伝えたい。

ようやく、自分のなすべき仕事に巡り合えたと思った公文さんは、障がい児とその家族のための施設、「シロアムの園」を設立する決心をした。経済的な基盤ももたずにそんな事業に手を出すのは無謀だと周囲からは反対されたが、心の王座を神様に明け渡した公文さんは動じなかった。

この思いが、神様のみこころにかなうものならば必ず、必要なものすべてを神様が与えてくださるはず。すると、会ったこともない人が、急に入った大金を寄付する先を探していて、シロアムの園の話を聞いて寄付すると言ってくれた。これが、神様がこの計画と共に歩んでくださるという確信になった。

それから四年が過ぎた今も、シロアムの園の働きは前進し続けている。がっかりすることがあっても、くじけることがあっても、公文さんはもう窮することはない。働きを進めるのは自分ではなく神様だと信じた日から、生きることが楽になった。

（結城絵美子）

＊この記事は「百万人の福音」2019年6月号に掲載されました

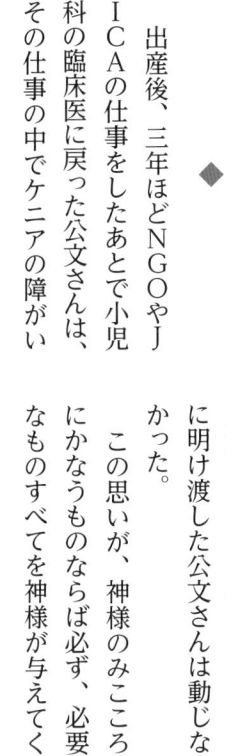

旬人《しゅんじん》彩人《さいじん》

写真・小林 惠

医師

小澤竹俊さん

絶望の中で、なお光があることを伝えられる医療を

おざわ・たけとし
1963年東京生まれ。
1987年東京慈恵会医科大学医学部医学科卒業。
1991年山形大学大学院医学研究科医学専攻博士課程修了。
その後、ホスピス勤務を経て、2006年、横浜市でめぐみ在宅クリニックを開院、院長として現在に至る。

〝多死社会〟を迎えようとしている日本で、今後、終末期の患者を在宅で看《み》取る医療の拡充が不可欠と言われている。その最前線で奮闘する医師、小澤竹俊さんにお話を聞いた。

人口の多い団塊の世代が、間もなく七十五歳以上となり、日本は多死社会を迎える。その最期は現在の病院数では対応しきれず、在宅での看取りを増やさざるを得なくなるという。そうした時代に備え、小澤さんは、訪問診療で看取りを迎える医療を提供している。この世界に入ったきっかけは、あるクリスチャンのことばだった。

「マザー・テレサの『あなたの国の最も貧しい人に仕えなさい』ということばに接して、それは命に関わる仕事だと思い、高校二年生の時に医者になろうと決意しました」

しかし、高校三年生での成績は芳しくなく、担任に「医学部志望」と言ったら、「理学部？」

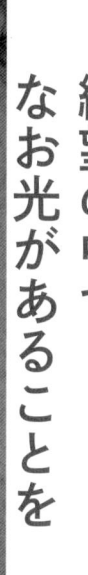

と三度聞き返された。

「今振り返っても、とても医学部に行く成績ではなかったと思います。それで、一生懸命祈ったのです。まだクリスチャンではありませんでしたが、『どうか、医者にさせてください。もし医学部に入れたら、人生をささげます』と」

入試の結果、第一希望は落ちたものの、私大医学部の難関校である慈恵医大に合格した。

「これは、神様が私に『医者になって、示された道に行きなさい』と導いたのだと、今でも信じています」

卒業後、人口十万人あたりの医師の数がいちばん少ない県という理由で山形の病院を選んで赴任した。ここで、キリストと出会うことになる。

「山形に行く少し前に妻は洗礼を受けていたので、山形南部教会に通うことになりました。私も、そこで行われた伝道集会に行き、『タリタ、クミ（少女よ、起きなさい）』という聖書のことばに出合った（イエス・キリストが、死んだ少女に声をかけ、少女が生き返るという場面）。そのメッセージが非常に印象的で、それから礼拝に通うようになり、翌年、受洗しました」

山形で七年間勤務した後、横浜でホスピス（終末医療）を専門とする病院に移った。

「いちばん苦しんでいる人は、命の限られた人です。それは、医学生時代から感じていて、『生と死を考える会』（上智大学／アルフォンス・デーケン氏主催）にも通っていました」

それで、一生懸命祈ったのです。「どうか、医者にさせてください。もし医学部に入れたら、人生をささげます」

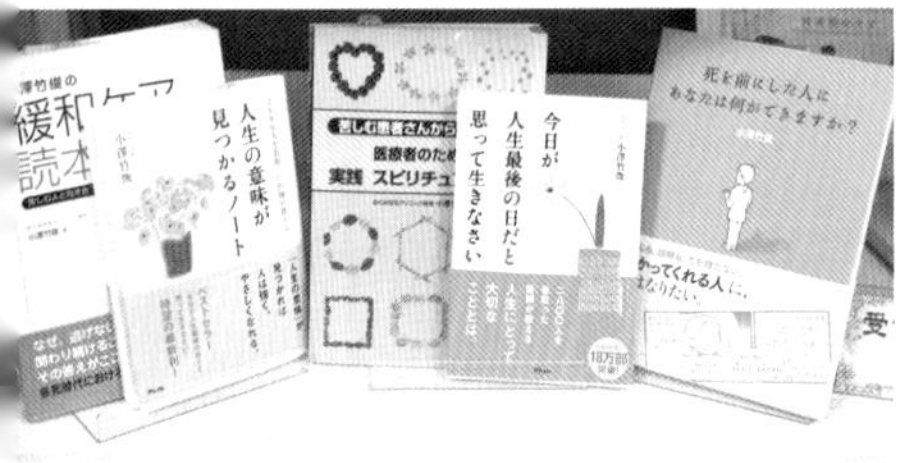

多くの著書があるが、『今日が人生最後の日だと思って生きなさい』（アスコム）は25万部のベストセラー（上）この働きは、各種メディアでも取りあげられている（下）

クリニックのマスコット

患者とのコミュニケーションを紡ぐため、都道府県ごとの名産や名所を数多く覚えている

ホスピスで終末期の緩和ケアを手がけて二十四年後、現在のクリニックを開くことになる。現在、スタッフは総勢六十人以上。ドクターだけでも二十人を超える。そして、年間三百人以上の看取りに対応している。

「終末期の医療でこだわっているのは、患者さんにとって『わかってくれる人』になれるかどうか。そのためには、患者さんの世界観を徹底的に受け止めます。たとえば、『私は死ねない。絶対に生きるんだ』と言う人がいたら、どんなに病状が悪くても、まずは受け入れる。たとえば、『太陽は西から出る』と言われたら、『太陽は西から出るんですね』と応ずる。それは相手の世界観を認めるのではなく、あくまで『あなたが考えていることはこうですね』と受け止めるのです」

東日本大震災の原発事故で被災した福島県の飯館村には、震災前の学生時代から医療支援で関わっていた

人は、自分の世界観や知恵の限界を徹底的に味わったとき、絶望の中で何かを見いだすことがある。

そうやって芽生えた信頼関係の中で、小澤さんは次のステップを見つめる。

「医者ができることは、そんなに多くないのです。人は、自分の世界観や知恵の限界を徹底的に味わったとき、絶望の中で何かを見いだすことがある。健康だったときには気づかなかった、人の優しさや、自然とのつながりなど。その気づきは、神様が計画された中にあると思います。そうすると、人は穏やかになります。現場にいる者は、心の中で祈りながら、それを待つしかない」

患者の中には、支払いができない人、病状を認めようとしない人、すぐに怒りだす人など、医療従事者が避けたいタイプもいる。しかし、小澤さんは丹念に対応する。

「いつも試されていると感じます。神様からも、悪魔からも。そのとき、どれだけ誠実に対応できるか…。うれしいのは、本当に良い仲間がたくさんいること。普通の感覚なら足が止まりそうな状況の中にでも、向かってくれる仲間を神様が与えてくださった。こうしたスタッフは、お金では集まらない」

日々、死を意識せずにはいられない厳しい医療現場で、小澤さんの心を支えてくれる聖書のことばがある。

「聖書の中に『私が弱いときにこそ、私は強い』（Ⅱコリント12・10）ということばがあります。本当の強さというのは、弱さの中にあると思うんです。

医師になりたての頃は、力が欲しかった。それですごく勉強し、救命医療に携わっていろいろな知識と技術を追い求めた。しかし、それでも力の及ばない症例に出合うと、逃げたくなり、打ちひしがれるのです。

しかし、ある時、その無力感の中で、この仕事を与えてくださった神様から『それでいいんだよ』と赦《ゆる》された気がしました。あの感覚は衝撃的でした。それは開き直りではありません。無力さに苦しむ自分を、なお認めてくれる確かな力だったのです。

看取りの現場は、自分たちが望むような世界観では、絶対に通用しません。そこで求められるのは、『Very good（よくできた）』ではなく、『Good enough（これでいい）』です。

もちろん、私たちは、百点を目指すのです。相田みつをさんの詩に『つまずいたっていいじゃないか　人間だもの』というのがあります。失敗した人を励ますにはよいですが、これが病院の入口に掲げられていたら、怖いですよね（笑）。百点を求める気持ちは絶対に忘れてはいけない。しかし、ケースによってはかなわないこともあります。私の場合は、神の前で弱さを認め、そして赦されるのです。だからこそ、いろいろなことがあっても逃げずに、前を向いて歩いていける」

小澤さんは、これからやってくる多死社会への備えが、日本の社会はできていないという危機感をもっている。

「今後、高齢者が増え、若者が減り、従来のシステムが壊れるはずです。病院は、これまでと同じようには対応できない時代がくる。十年、二十年後に、どんな社会がくるのかを考えると、ゾッとします。聖書のノアの箱舟ではないですが、〝大洪水〟がきます。それなのに、誰も箱舟を造らない。私がやっていることは、手漕《こ》ぎのボートを作っているくらいのものです」

この危機感の中で、同志を増やそうと、「エンド・オブ・ライフ協会」をつくり、各地で講演を行っている。

「終末期を迎えて苦しむ人たちに誠実に向き合う人が、まだ少ない。絶望の中にあってなお光があることを伝えられる人材を育てていきたい。それは、医療、介護の分野だけでなく、たとえば商店街の人たちなど、地域の幅広い分野で対応しなくてはいけません。

どんな状況になろうとも、これからやってくる『社会の困難』のど真ん中に、自分はいるだろうということだけは、確信があります」

（砂原俊幸）

「社会の困難」のど真ん中に、自分はいるだろうということだけは、確信があります。

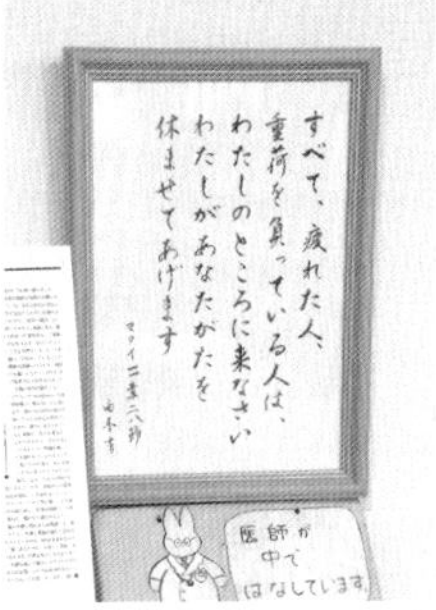

クリニックのロビーには聖書のことばが掲げられている

＊この記事は「百万人の福音」2018年6月号に掲載されました

旬人《しゅんじん》彩人《さいじん》

写真：小林 恵

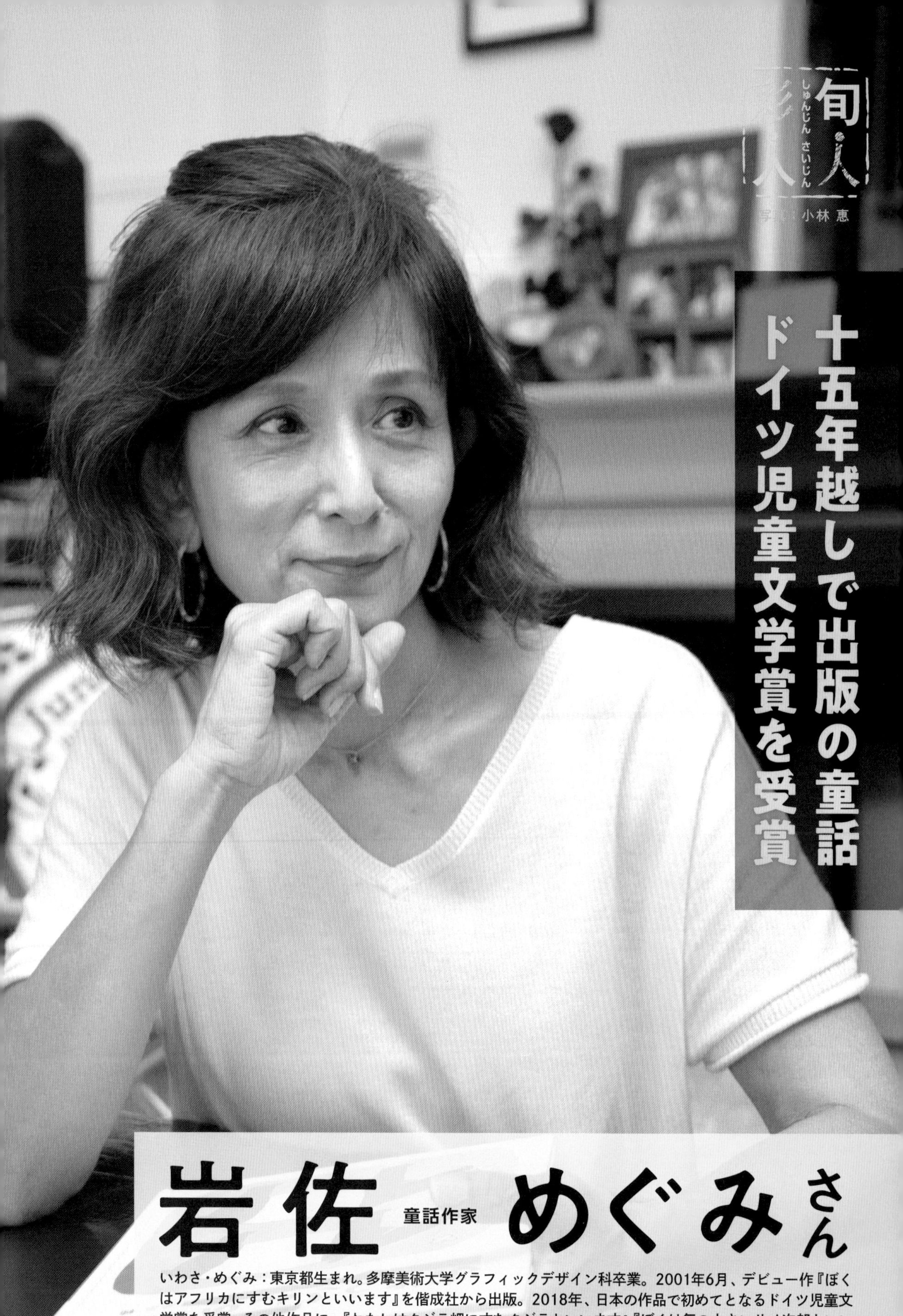

十五年越しで出版の童話 ドイツ児童文学賞を受賞

岩佐 めぐみさん

童話作家

いわさ・めぐみ：東京都生まれ。多摩美術大学グラフィックデザイン科卒業。2001年6月、デビュー作『ぼくはアフリカにすむキリンといいます』を偕成社から出版。2018年、日本の作品で初めてとなるドイツ児童文学賞を受賞。その他作品に、『わたしはクジラ岬にすむクジラといいます』『ぼくは気の小さいサメ次郎といいます』など。2017年、JTJ宣教神学校卒業。ぶどうの木キリスト教会土浦チャペル伝道師。

たいくつなキリンが、「地平線の向こうで最初に会った動物に渡してほしい」と、配達人に手紙を託す。受け取ったのはペンギンで、二人は手紙のやりとりを通し、まだ見ぬ相手の姿を想像する——。このユニークな童話『ぼくはアフリカにすむキリンといいます』が二〇一八年、「高い文学性をもつ」としてドイツ唯一の国営文学賞「ドイツ児童文学賞」を受賞した。作者である岩佐めぐみさんは、二〇〇一年に日本で同書を出版（絵・高畠《たかばたけ》純、偕成社）。十七年を経ての快挙に、「神様のなさることは想像を超えている」と話す。

☆

実は、『ぼくはアフリカにすむ…』の構想から誕生も、十五年越し。非常に不思議な経緯で物語が生まれており、それが現在の岩佐さんの証《あか》しにもなっている。

夫の鉄男さんと結婚した翌一九八六年のこと。不思議な夢を見た。ある本の既刊本の紹介欄に、「『ペンギンのまねをするキリン』岩佐めぐみ」というタイトルが載っているのだ。非常に短く、かつ唐突な夢が印象に残り、起床後何気なく鉄男さんに話した。「おもしろい題だから、本当に考えてみたら」。鉄男さんの勧めで、物語をノートに書き留めることに。とはいえ、それが後に本になって出版されるとは夢にも思わない。半分趣味のような感覚で進めようと思ったが、その後、ある出来事をきっかけに作業はしばらく中断することになる。

「神様が私にどう生きることを望んでおられるのか、それが知りたくて、今取り組んでいるさまざまなことを手放してみようと思いました。物語を書くこともです。もし神様がそれを望まれるのなら、いつか書かせてくださるだろうという確信がありました」

中断のきっかけ、それは岩佐さん自身が「神様のもとに戻った」ということだった。高校生の時に初めて教会に通い、洗礼も受けていたというが、それから十年もの間、教会や信仰から離れた生活を送っていた。その間、「神様が私を呼び戻そうとしてくださっている」と感じる出来事が何度もあったというが、戻ることはなかった。

しかし結婚後、新居探しの際に手違いがあり、やむを得ず入居した一軒家の隣が、アメリカからの宣教師の家だったという。「もう神様から逃げられないと思いました。考えてみると、神様から離れていた約十年、私は非常に苦しかったんです。もう一度神様のもとに戻れた時、それがすごくうれしくて。もう二度と神様から離れないと決意しました」

教会に再び通うようになり、子どもにも恵まれて時が過ぎていった。しかしその間も物語のことが「種火のように」心にとどまり、忘れ去ることはなかったという。

ある時、鉄男さんが子どもたちに買ってきた絵本を通して、「ペンギンのまねをするキリン」にぴったりな絵を見つける。そ

もう一度神様のもとに戻れた時、それがすごくうれしくて。二度と神様から離れないと決意しました。

翻訳されて各国で出版された「クジラ海」シリーズ

▼ 居間。鉄男さんは奥の座椅子が定位置だった

▲ 高畠純さんからの手紙

▲ 鉄男さんとの結婚写真、指輪

▲ 仕事部屋で机に向かう

「神様、もしかして今書くべきですか？」そしたら、初めて手応えというか、神様が微笑んでくださった気がして。

れは絵本作家・高畠純さんのイラストだった。「いつか神様が『物語』を書いていいよと言ってくださったら、高畠さんの絵を参考にイラストも描こうと思いました」

それから後、九十年代は岩佐さんにとって試練の期間だった。「さまざまな問題が押し寄せ、悩み苦しみました。その時ふと、この中にも神様のご計画があるのかな。ならそれが最善だろうと思って、できることをやろうと考えました。そして、『神様、もしかして今書くべきですか？』と聞いてみたんです。そしたら、初めて手応えというか、神様が微笑《ほほえ》んでくださった気がして。子どもたちにも励まされて、書くことにしました」

その直後、子どもが通う小学校で朗読会があった。そこに、朗読家の知人としてたまたま訪れていたのが、なんと高畠純さんだったのだ。高畠さんとはその後も個展を訪ねたり、手紙を送るなどしたが、その際「ぼくにもアドバイスができるかもしれないので、よかったら送ってください」と言われ、恐縮しつつ執筆中の童話も送った。

しばらく後に届いた返事は、「編集の方に読んでもらって、かたちになるようなら絵を描かせてほしい」という驚くべき内容だった。「実は、恐くてお返事をすぐに開封できなかったんです。でも、私はいつもお話を書くときに『私の手のわざを聖《きよ》め、祝福してください』と祈っ

すべて時があって、それが満ちる時に神様の計画が成っていくんだと。

ているんですが、その朝に与えられたみことば、申命記十六章十五節※を読んで力をもらいました。高畠さんのお返事を読んで、すべて時があって、それが満ちる時に神様の計画が成っていくんだと強く感じました」

そして二〇〇一年六月、物語が『ぼくはアフリカにすむキリンといいます』というタイトルになって、ついに出版された。この物語は「クジラ海《かい》」に住む動物たちのシリーズとなり、その後数年おきに出版。現在では五巻が発売されている。

童話作家としての歩みに迷いがなかったわけではない、と岩佐さんは話す。「神様がアイデアを満たしてくださらないと、自分で書こうとしても書けないんです。これで童話作家と言えるのか、この先も書いていけるのかと」。迷いの中、神学校でも学んだ。しかしその間、『ぼくはアフリカにすむ…』は静かに版を重ね、翻訳されてアジア、ヨーロッパ、北米、中南米などに広がっていった。「私はそれに関して、本当に何もしていないんです。かつて神様のもとに戻った時、世界に出て行く献身者の姿を見て『自分もこういうことができれば』と思ったこともありましたが、私でなく本が世界に出て行くようになった。この不思議な出来事を通して、私も神様を証ししたいとすごく思ったんです」

二〇一七年にはイギリスのブックショーに招待され、現地の子どもたちに作品が愛されていることを目の当たりにし、翌二〇一八年にはドイツ児童文学賞を受賞。『ぼくはアフリカにすむ…』をはじめ「クジラ海」シリーズは、ますます関心を呼ぶようになった。

☆

作家であると同時に、茨城県の土浦で教会開拓に携わる伝道師としての顔ももつ。二〇一七年、がんで召される前年に信仰をもった鉄男さんが、「ぼくを愛してくれた神様へのお礼」と教会のために遺したものが基金になった。「夫は、信仰をもってからはいつも『お父さん（神様）、ぼくを愛してくださってありがとうございます』と祈っていました。体も相当苦しかったと思いますが、泣き言一つ言わず、するどい洞察力で聖書を読み、毎朝一緒に祈りました。神様が、私の心が耐えられるようにすべてを整えてくださったんだと思います」

作家としては現在、教会や学校、カフェ・図書館などでの催しに招かれることも。「本ができた経緯をお話しするとき、神様抜きでは語れない。そうすると、『神様っているんですね』と言ってくださる方もいます。相手が私の話に関心をもってくださるのはこの本のおかげ。神様が確実に機会を広げてくださっていると感じます」

今後もクジラ海でどのような物語が展開してくのか。岩佐さんを通して、神様の次のアイデアを待ちたい。

（藤野多恵）

※「あなたの神、主があなたのすべての収穫、あなたの手のすべてのわざを祝福されるからである。あなたは大いに喜びなさい」

＊この記事は「百万人の福音」2019 年 11 月号に掲載されました

旬人彩人 —— 聖書を生きる

2020年 4月 1日 発行
2020年12月25日 再刷

編集 「百万人の福音」編集部

発行 いのちのことば社
〒164-0001 東京都中野区中野2-1-5
Tel.03-5341-6952 Fax.03-5341-6932(編集)
Tel.03-5341-6920 Fax.03-5341-6921(営業)
e-mail support@wlpm.or.jp
http://www.wlpm.or.jp

ISBN 978-4-264-04147-4